AF523513

WISSEN FÜR DIE PRAXIS

Weiterführend empfehlen wir:

Grundlagen – SGB II: Grundsicherung für Arbeitsuchende
ISBN 978-3-8029-7256-0

Grundlagen – SGB XII: Sozialhilfe
ISBN 978-3-8029-7257-7

Das gesamte Insolvenzrecht
ISBN 978-3-8029-5277-7

Weitere Titel unter: www.WALHALLA.de

Wir freuen uns über Ihr Interesse an diesem Buch. Gerne stellen wir Ihnen zusätzliche Informationen zu diesem Programmsegment zur Verfügung.
Bitte sprechen Sie uns an:
E-Mail: WALHALLA@WALHALLA.de
http://www.WALHALLA.de
Walhalla Fachverlag · Haus an der Eisernen Brücke · 93042 Regensburg
Telefon 0941 5684-0 · Telefax 0941 5684-111

Jörg Wilde

Verbraucherinsolvenz: Erfolgreiche Schuldbefreiung

Musterbriefe – Fallstricke – Praxishilfen

8., aktualisierte Auflage

WALHALLA Rechtshilfen

Bibliografische Information der Deutschen Nationalbibliothek
Die Deutsche Nationalbibliothek verzeichnet diese Publikation in der Deutschen Nationalbibliografie; detaillierte bibliografische Daten sind im Internet über www.dnb.de abrufbar.

Zitiervorschlag:
Jörg Wilde, Verbraucherinsolvenz: Erfolgreiche Schuldbefreiung
Walhalla Fachverlag, Regensburg 2021

Hinweis: Unsere Werke sind stets bemüht, Sie nach bestem Wissen zu informieren. Alle Angaben in diesem Buch sind sorgfältig zusammengetragen und geprüft. Durch Neuerungen in der Gesetzgebung, Rechtsprechung sowie durch den Zeitablauf ergeben sich zwangsläufig Änderungen. Bitte haben Sie deshalb Verständnis dafür, dass wir für die Vollständigkeit und Richtigkeit des Inhalts keine Haftung übernehmen.
Juni 2021

8., aktualisierte Auflage
© Walhalla u. Praetoria Verlag GmbH & Co. KG, Regensburg
Alle Rechte, insbesondere das Recht der Vervielfältigung und Verbreitung sowie der Übersetzung, vorbehalten. Kein Teil des Werkes darf in irgendeiner Form (durch Fotokopie, Datentransfer oder ein anderes Verfahren) ohne schriftliche Genehmigung des Verlages reproduziert oder unter Verwendung elektronischer Systeme gespeichert, verarbeitet, vervielfältigt oder verbreitet werden.
Produktion: Walhalla Fachverlag, 93042 Regensburg
Printed in Germany
ISBN 978-3-8029-4131-3

Inhaltsverzeichnis

Ausweg aus dem Schuldenkreislauf – in nur drei Jahren

Laut Statista sind heute in Deutschland mehr als 6,85 Millionen Bürgerinnen und Bürger so hoch verschuldet, dass sie nicht mehr in der Lage sind, ihre Schulden mit ihrem Einkommen zu decken. Die Ursachen dafür sind vielschichtig, etwa der plötzliche Verlust der Arbeitsstelle, die Corona-Pandemie oder auch nur das einfache Erliegen der Verlockungen des Konsums. Schnell verliert man den Überblick über Soll und Haben und gerät in einen Schuldenkreislauf, aus dem es auf dem normalen Weg kein Entkommen mehr gibt.

Seit 1999 gibt es eine Lösung für überschuldete Privathaushalte. Es handelt sich um das Verbraucherinsolvenzverfahren, umgangssprachlich auch Privatinsolvenz genannt.

Die Regelungen zur Verbraucherinsolvenz sollen diesen Haushalten helfen, einen neuen schuldenfreien Anfang zu finden. Dabei werden Gläubiger unter bestimmten Voraussetzungen dazu gebracht, entweder freiwillig oder per Beschluss des Amtsgerichts auf einen Teil ihrer Forderungen gegenüber dem Schuldner für immer zu verzichten.

Zuletzt gab es eine Änderung zum 01.01.2021, die am Ende das Verbraucherinsolvenzverfahren auf drei Jahre verkürzt.

Dieser Fachratgeber zeigt Ihnen Möglichkeiten auf, um spätestens in drei Jahren schuldenfrei zu sein.

Jörg Wilde

Abkürzungen

Abs.	Absatz
AG	Aktiengesellschaft
AO	Abgabenordnung
ARGE	Arbeitsgemeinschaft nach dem SGB II
Az.	Aktenzeichen
BEEG	Bundeselterngeld- und Elternzeitgesetz
BGB	Bürgerliches Gesetzbuch
BGH	Bundesgerichtshof
EStG	Einkommensteuergesetz
GbR	Gesellschaft bürgerlichen Rechts
GKG	Gerichtskostengesetz
GmbH	Gesellschaft mit beschränkter Haftung
InsO	Insolvenzordnung
InsVV	Insolvenzrechtliche Vergütungsverordnung
KG	Kommanditgesellschaft
LG	Landgericht
NJW	Neue Juristische Wochenschrift
OHG	Offene Handelsgesellschaft
SGB	Sozialgesetzbuch
StGB	Strafgesetzbuch
ZPO	Zivilprozessordnung

1.

Wichtiges vorab

1

Zwei Möglichkeiten, um die Schulden loszuwerden

Die Insolvenzordnung bietet zwei Möglichkeiten der Schuldbefreiung:

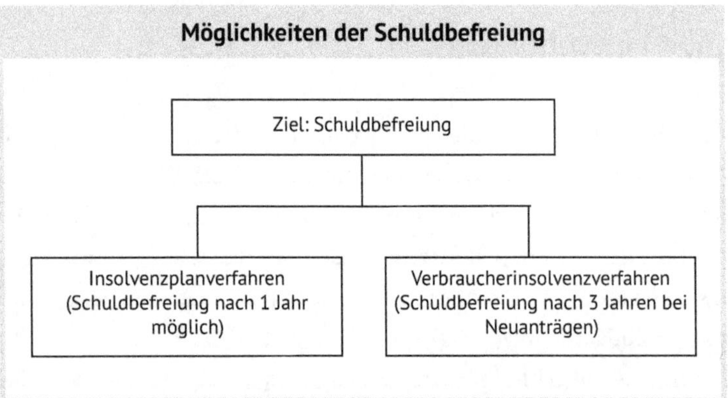

Welches Verfahren man wählt, hängt im Wesentlichen von den Verfahrenskosten ab. Ein Insolvenzplanverfahren (vgl. Seite 131) ist eine teure Variante. Es lohnt sich nur, wenn der Schuldner den Gläubigern einen Vergleichsbetrag anbieten kann, der nicht aus dem insolvenzbelasteten Vermögen kommt.

Beispiel:

Doris Klein hat 100.000 EUR an Schulden, die sie nicht mehr begleichen kann. Die Eltern von Frau Klein haben ihrer Tochter Hilfe zugesagt und würden sie mit 10.000 EUR unterstützen. Diese Summe kann Frau Klein im Insolvenzplanverfahren als Vergleichssumme den Gläubigern anbieten.

Wer die Verbraucherinsolvenz nutzen kann

Mit dem Verbraucherinsolvenzverfahren hat der Gesetzgeber eine Regelung geschaffen, die dafür Sorge tragen soll, dass überschuldete Haushalte in der Bundesrepublik eine zweite Chance, in Form einer schuldenfreien Zukunft, erhalten können. Ziel des Verfahrens ist, dass sich Schuldner und Gläubiger zusammenfinden und eine sinnvolle

Lösung erarbeiten. Der Lösungszeitraum ist durch den Gesetzgeber auf maximal sechs Jahre begrenzt (sog. Wohlverhaltensphase).

Wer allerdings **nach dem 01.10.2020** einen Antrag stellt, für den gilt, dass er nach drei Jahren schuldenfrei ist. Bis zum 30.09.2020 konnte man nur dann nach drei Jahren eine Schuldbefreiung erfragen, wenn 35 Prozent der Schulden durch den Schuldner beglichen wurden. Diese Chance sollten Sie nun nutzen – 36 Monate vergehen schnell.

Ist die Wohlverhaltensphase abgelaufen, soll der Schuldner, sofern er sich an alle Forderungen gehalten hat, eine Restschuldbefreiung erhalten. Das heißt, dass alle an diesem Verfahren teilnehmenden Gläubiger auf einen nicht unerheblichen Teil ihrer Forderungen verzichten müssen.

Nun kann man berechtigt sagen, dass doch keiner freiwillig auf seine Ansprüche verzichten wird. Schließlich geht es um Geld. Allerdings zwingt der Gesetzgeber spätestens im gerichtlichen Verfahren zum Verzicht. Ausnahmen von diesem „Zwang“ sind nur gegeben, wenn einer der Gläubiger nachweisen kann, dass der Verzicht nicht rechtmäßig wäre.

Wer kann von dem Verfahren profitieren?

Von den Regelungen zur Verbraucherinsolvenz können alle natürlichen Personen profitieren. Gemeint sind hier beispielsweise folgende Personen:

- Arbeitnehmer
- Arbeitslose
- Alleinerziehende
- Ledige
- Verheiratete
- ehemalige Unternehmer

Grundsätzlich dürfen die Personen, die ein Verbraucherinsolvenzverfahren anstreben, keinen laufenden Gewerbebetrieb haben oder selbstständig tätig sein. Für Unternehmer und selbstständig Tätige gilt das sogenannte Regelinsolvenzverfahren.

1

Beispiel:

Unternehmen besteht noch

Frank Meier hat ein Uhrengeschäft. Seit einiger Zeit gehen die Geschäfte nicht mehr so gut, so dass Herr Meier beschließt, ein Insolvenzverfahren einzuleiten. Im Zeitpunkt der Antragstellung hat Herr Meier keine Arbeitnehmer und vier Gläubiger.

Herr Meier kann nur das Regelinsolvenzverfahren in Anspruch nehmen, da seine selbstständige Tätigkeit noch nicht beendet ist.

Wie in der obigen Aufzählung erkennbar, können auch ehemalige Unternehmer das Verbraucherinsolvenzverfahren durchführen. Allerdings wird hier verlangt, dass die Vermögensverhältnisse oder besser gesagt die Gläubigerverhältnisse, überschaubar sind. Eine solche Überschaubarkeit liegt nur vor, wenn der Antragsteller zum Zeitpunkt der Antragstellung weniger als 20 Gläubiger hat. Des Weiteren darf es sich bei den Schulden nicht um Forderungen gegen ihn aus Arbeitsverhältnissen handeln.

Beispiel:

Unternehmen besteht nicht mehr, Löhne wurden nicht gezahlt

Peter Müller hatte eine Konditorei, die er aufgrund von Zahlungsschwierigkeiten im Jahr 2020 schließen musste. In der Konditorei beschäftigte er damals vier Arbeitnehmer, denen er heute noch Löhne schuldet. Aus seinen Geschäftsverbindungen haben noch zehn Gläubiger Forderungen gegen Herrn Müller.

Obwohl der Gewerbebetrieb nicht mehr besteht, kann das Verbraucherinsolvenzverfahren nicht in Anspruch genommen werden. Grund sind die Lohnforderungen der vier Arbeitnehmer.

Der Terminus „Verbindlichkeiten aus Arbeitsverhältnissen“ ist weit zu fassen.

Zu den Verbindlichkeiten gehören nach der Gesetzesbegründung folgende Ansprüche:

- Forderungen des Arbeitnehmers
- Forderungen des Finanzamts aus nicht abgeführter Lohnsteuer der Arbeitnehmer durch den Arbeitgeber
- Sozialversicherungsbeiträge (z. B. Forderungen der Bundesagentur für Arbeit nach § 187 SGB III)

Erfüllt der ehemalige Unternehmer die oben genannten Voraussetzungen nicht, bleibt ihm nur die Durchführung eines Regelinsolvenzverfahrens.

So funktioniert das Verbraucherinsolvenzverfahren

Das Verbraucherinsolvenzverfahren besteht aus fünf unterschiedlichen Stufen, die grundsätzlich aufeinander aufbauen. Das heißt, dass die nächste Stufe nur dann erreicht werden kann, wenn die vorherige Stufe abgeschlossen ist.

Das Verfahren beginnt immer mit einem außergerichtlichen Einigungsversuch (vgl. Abbildung auf Seite 17). Hier soll der Schuldner zunächst versuchen, sich mit seinen Gläubigern außergerichtlich über eine Schuldenbereinigung auf der Grundlage eines eigens erstellten Schuldenbereinigungsplans zu einigen. Von dieser Methode kann jedoch abgesehen werden, wenn voraussichtlich keine Aussicht auf eine außergerichtliche Einigung besteht. Der Gesetzgeber hat diese Fälle aus den bisherigen Erfahrungen erkannt, dass ein außergerichtlicher Einigungsversuch fast regelmäßig scheitert, wenn der Schuldner eine größere Anzahl von Gläubigern hat. Unter welchen Voraussetzungen auf einen außergerichtlichen Einigungsversuch verzichtet werden kann, wird in Kapitel 2 genauer beschrieben.

Liegt ein vollständiger Antrag vor, wird das Verfahren mit einem gerichtlichen Einigungsversuch fortgesetzt. Hier wird nochmals vonseiten des Gerichts versucht, die Einigung mit den Gläubigern zu schaffen. Scheitert auch dieser Versuch, leitet das Gericht in das Insolvenzverfahren über. Hier kommt es unter Einsatz eines Insolvenzverwalters zur Erstellung eines Insolvenzplans.

1 Gelingt der außergerichtliche Einigungsversuch nicht oder wurde von ihm abgesehen, kann der Schuldner nun einen Antrag auf Eröffnung des Verbraucherinsolvenzverfahrens beim zuständigen Insolvenzgericht stellen.

Nachdem die Vermögenswerte veräußert, die Abtretungen erstellt und die Forderungen festgestellt worden sind, beginnt die nächste Stufe. Hierbei handelt es sich um die sogenannte Wohlverhaltensphase.

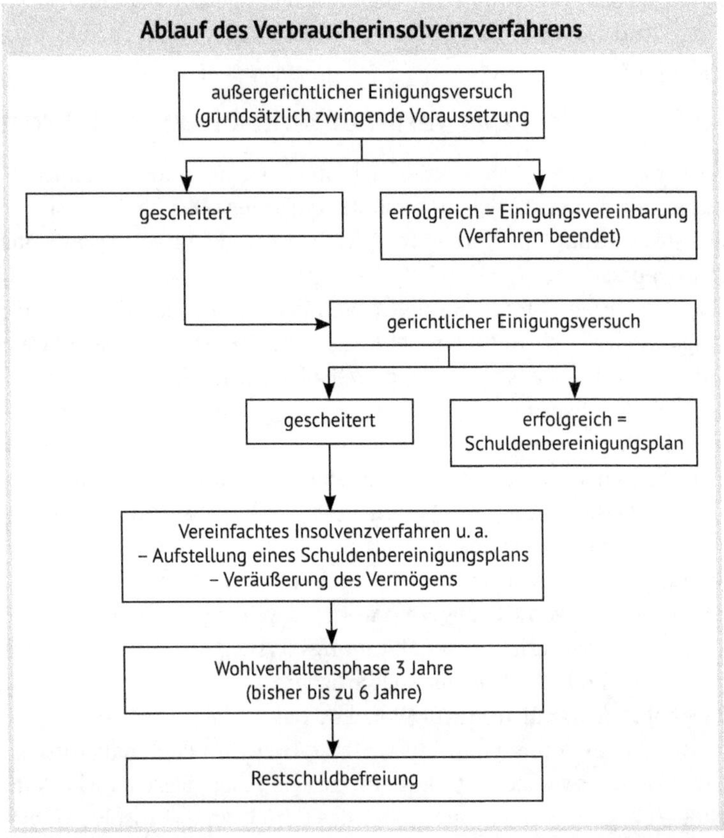

Die Wohlverhaltensphase dauert längstens drei Jahre für Verfahren, die ab dem 01.10.2020 beantragt wurden. Zuvor waren dies drei oder fünf Jahre. Während der Wohlverhaltensphase, deren Lauf mit dem Eröffnungsantrag beginnt, muss sich der Schuldner bemühen, seine Obliegenheitspflichten (siehe Seite 41) zu erfüllen. Erfüllt er sie und lässt er sich sonst nichts zu Schulden kommen, kann er die letzte Stufe erreichen – die Restschuldbefreiung.

Über die Restschuldbefreiung wird grundsätzlich nach Ablauf der Wohlverhaltensphase entschieden – es sei denn, dass gleich zu Beginn des Verfahrens festgestellt wird, dass der Schuldner aufgrund vorheriger Verfehlungen keine Restschuldbefreiung erfahren wird. Liegen alle Befreiungsvoraussetzungen vor, wird der Schuldner von den Resten seiner Verbindlichkeiten befreit. Allerdings gibt es hierzu eine Einschränkung, nämlich Gläubigerforderungen (siehe Seite 127), die von einer Restschuldbefreiung ausgenommen sein können.

Um das Verfahren zu beschleunigen, sollte der Schuldner selbst aktiv werden. Doch was kann er aktiv beitragen?

Aktive Beteiligung des Schuldners	
Außergerichtlicher Einigungsversuch	■ Der Einigungsversuch kann vom Schuldner selbst ohne fremde Hilfe durchgeführt werden. Soll fremde Hilfe genutzt werden, kann der Schuldner sich aktiv an der Beschaffung der notwendigen Informationen beteiligen. Dies gilt z. B. für: ■ Zusammenstellung der Gläubiger und deren Anschriften ■ Heraussuchen von Verträgen ■ Auflistung von Einkommen und Vermögen
Gerichtlicher Einigungsversuch	■ Terminvereinbarung bei einer geeigneten Stelle ■ Erstellung des Eröffnungsantrags oder Mitwirkung bei der Erstellung ■ Beschaffung von Unterlagen für den Antrag, sofern nicht schon bei außergerichtlichem Einigungsversuch beschafft
Insolvenzverfahren	■ Teilnahme an den Versammlungen und dem Schlusstermin ■ Mitwirkung bei Fragen und Auskünften

Aktive Beteiligung des Schuldners	
Wohlverhaltens-phase	■ Mitwirkung bei Fragen und Auskünften ■ Einhaltung oder Erfüllung der Obliegenheiten ■ Meldungen an den Treuhänder und/oder an das Insolvenzgericht bei Veränderungen ■ Einhaltung des Insolvenzplans
Restschuldbefreiung	Mitwirkung bei Fragen und Auskünften

Stundung der Verfahrenskosten

Allgemeines

Aus den bisherigen Erfahrungen mit der Verbraucherinsolvenzregelung hat der Gesetzgeber festgestellt, dass die Fallzahlen seit der Einführung zum 01.01.1999 weit hinter den Erwartungen und Prognosen zurückgeblieben sind. Mitverantwortlich dafür, dass die Erwartungen sich nicht erfüllt haben, sind die Verfahrenskosten. Das Problem ist hier schnell ausgemacht. Den bereits überschuldeten Haushalten können bei der meist geringen Kapitaldecke bzw. Einkommenssituation Verfahrenskosten von 1.500 EUR und mehr nicht in einer Summe abverlangt werden. Dazu kommt, dass die Einkommen zumeist schon mit Pfändungen belastet sind und somit das verfügbare Einkommen noch erheblich verringern. Schuldner haben in der Regel eben keine Sparbücher mit hohen Rücklagen.

Muss der Ehegatte für die Verfahrenskosten aufkommen?

Der Ehepartner muss nicht für die Schulden seines Ehepartners aufkommen. Dies gilt aber nicht uneingeschränkt für die Verfahrenskosten. Ob der unverschuldete Ehepartner nur für die Begleichung der Verfahrenskosten herangezogen wird, hängt davon ab, zu welchem Zeitpunkt die Schulden des Ehepartners entstanden sind. Man kann sich hier quasi an zwei Punkten orientieren:

- Sind die Schulden des Ehepartners vor der Eheschließung entstanden, braucht der andere Ehegatte die Verfahrenskosten nicht zu tragen.

- Sind die Schulden während der Ehe entstanden, wird der unverschuldete Ehegatte, sofern dieser über eigenes Einkommen verfügt, zur Begleichung herangezogen.

Der Grund für die Heranziehung findet sich in der auch wirtschaftlichen Beziehung der Ehegatten zueinander. Dies gilt nicht nur für die positiven Einkünfte, sondern auch für die Schulden, die während der Ehe entstanden sind.

Beispiel:

Petra und Peter Petersen sind seit Jahren verheiratet. Während Peter Petersen als Angestellter abhängig beschäftigt ist, versuchte sich Petra Petersen mit einem Restaurant selbstständig zu machen. Ihr Restaurant lief anfangs sehr gut, die Investitionskredite konnten regelmäßig bedient werden. Dann kam die Pandemie und damit das Aus im Juni 2020. Im Jahr 2021 leitet Frau Petersen ein Verbraucherinsolvenzverfahren ein. Bevor eine Stundung der Verfahrenskosten ausgesprochen wird, prüft das Insolvenzgericht zuerst, ob die Verfahrenskosten von Peter Petersen bestritten werden müssen.

Voraussetzungen

Der Gesetzgeber hat mit seiner Änderung der Insolvenzordnung zum 01.12.2001 versucht, das Problem zu lösen. Dem bedürftigen Schuldner soll im Weg einer Stundung der Verfahrenskosten die Durchführung des gerichtlichen Teils des Verbraucherinsolvenzverfahrens ermöglicht werden. Der Begriff Stundung deutet darauf hin, dass die Verfahrenskosten nicht erlassen, sondern zu einem späteren Zeitpunkt beglichen werden müssen. Wann die Rückzahlung zu erfolgen hat, hängt dabei im Wesentlichen vom Einkommen ab. Aber zunächst zu den Stundungsvoraussetzungen.

Um in den Genuss einer Stundung kommen zu können, müssen folgende Voraussetzungen vorliegen:

- Der Stundungsbedürftige muss eine natürliche Person sein (siehe Seite 13).
- Es muss ein Antrag auf Restschuldbefreiung vorliegen.

- Es muss ein Antrag auf Stundung der Verfahrenskosten vorliegen.
- 1 Es darf kein Versagungsgrund nach § 290 Abs. 1 Nr. 1 InsO vorliegen.
- Das vorhandene Einkommen bzw. Vermögen darf nicht zur Deckung der Verfahrenskosten ausreichen.

Versagungsgründe nach § 290 Abs. 1 Nr. 1 InsO liegen vor, wenn der Schuldner in den letzten fünf Jahren vor dem Antrag auf Eröffnung des Insolvenzverfahrens oder nach einem Antrag wegen einer Straftat nach den §§ 283 bis 283c StGB rechtskräftig zu einer Geldstrafe von mehr als 90 Tagessätzen oder einer Freiheitsstrafe von mehr als drei Monaten verurteilt worden ist.

Bei den Straftaten nach den §§ 283 bis 283c StGB handelt es sich um:

- Bankrott
- besonders schwerer Fall des Bankrotts
- Verletzung der Buchführungspflicht
- Gläubigerbegünstigung

Grundsätzlich soll nur der Antragsteller eine Stundung erhalten, der auch bedürftig ist. Bedürftig ist derjenige, dessen Vermögen oder auch Einkommen nicht ausreicht, um die Kosten des Verfahrens zu decken. Geht man von der Begründung zum Gesetzesentwurf aus, handelt es sich hierbei um die Fälle, die entsprechend der Regelung des § 26 Abs. 1 InsO mangels Masse abgewiesen werden würden – sprich, die Fälle, bei denen der Schuldner die Verfahrenskosten nicht tragen kann.

Das Gericht wird demnach prüfen, ob das sogenannte Schuldnervermögen zur Deckung der Verfahrenskosten ausreichend sein wird. Aus dem Blickwinkel, die Verwaltung nur so wenig wie möglich zu belasten, wird vorrangig das Schuldnervermögen zur Kostendeckung herangezogen. Dies gilt auch für die pfändbaren Beträge des Einkommens nach Eröffnung des Verfahrens.

Nicht selten haben sich auch karitative Einrichtungen bereit erklärt, die Verfahrenskosten im Rahmen eines Darlehens zu übernehmen. Liegt ein solcher Fall vor, haben andere Dritte die Verfahrenskosten übernommen oder würden diese übernehmen, tritt die Stundung immer in den Hintergrund. Sie scheidet prinzipiell aus.

Übrigens: Darlehen, die zur Finanzierung der Verfahrenskosten dienen sollen, sind von der Restschuldbefreiung selbstverständlich nicht erfasst. Man nennt solche Darlehen auch Förderdarlehen zur Verfahrenseröffnung.

Was wird gestundet?

Liegen die Voraussetzungen für eine Stundung vor, werden die im Zusammenhang mit dem Verfahren entstehenden Kosten gestundet. Hierzu gehören insbesondere folgende Kosten:

- Gerichtskosten für das Verfahren (nach Gerichtskostengesetz)
- Vergütungen und Auslagen des Treuhänders und Insolvenzverwalters
- Vergütungen an Sachverständige

Die Stundung umfasst dabei bereits entstandene sowie die zukünftigen Kosten. Entsprechend werden Auslagenvorschüsse nach § 68 GKG ebenfalls nicht erhoben.

Beiordnung eines Rechtsanwalts

Werden die Verfahrenskosten gestundet, kann das Gericht dem Antragsteller einen Rechtsanwalt beiordnen, wenn es von der Sache her notwendig ist. Dies wird in der Regel immer dann der Fall sein, wenn die Sach- oder Rechtslage schwierig ist. Gemeint sind hier insbesondere Sachverhalte, bei denen der Antragsteller gegen Versagungsgründe der Restschuldbefreiung (§ 290 InsO) oder den Vorwurf des Verstoßes gegen die Obliegenheitsverpflichtungen (§ 296 InsO) kämpft.

Hat das Gericht einen Rechtsanwalt beigeordnet, werden die Kosten für diesen Rechtsanwalt ebenfalls gestundet.

Ab wann und über welchen Zeitraum gilt die Stundung?

Grundsätzlich gilt die Stundung an dem Zeitpunkt, ab dem sie ausgesprochen worden ist. Dies wäre aber für den Antragsteller eine sehr unbefriedigende Lösung, da die Gerichte natürlich eine gewisse Prüfungs- und Bearbeitungszeit beanspruchen können und müssen. Damit der Antragsteller rechtzeitig von der Stundung profitieren und das

Verfahren ohne größere Verzögerung seinen Fortgang nehmen kann, gilt die Stundung einstweilig ab Antragstellung. Wird die Stundung später versagt, müssen die bereits gestundeten Kosten an die jeweiligen Stellen gezahlt werden. Sollte die Bundes- oder Landeskasse bereits eingetreten sein, sind die nicht gestundeten Beträge entsprechend an sie abzuführen.

Über die Stundung der Verfahrenskosten wird für jeden Verfahrensabschnitt eine gesonderte Anspruchsprüfung durchgeführt. Nach dem Willen des Gesetzgebers gilt dies für den gerichtlichen Einigungsversuch, für das Insolvenz- und für das Restschuldbefreiungsverfahren. Liegen die Voraussetzungen zu einem späteren Zeitpunkt nicht mehr vor, kann die Stundung ganz oder für den geprüften Verfahrensabschnitt versagt werden.

Rückzahlung und Anpassung der gestundeten Beträge

Wie bereits beschrieben, müssen die gestundeten Beträge an die entsprechenden Kassen zurückgezahlt werden. Die Stundung endet grundsätzlich mit der Erteilung der Restschuldbefreiung, im Prinzip nach Ablauf der Wohlverhaltensphase. Liegt kein weiterer Antrag vor, werden die gestundeten Beträge in einer Summe fällig. Nun hat der Gesetzgeber schon erkannt, dass die Leistungsfähigkeit eines Schuldners nach der Wohlverhaltensphase immer noch ziemlich erschöpft sein wird. Entsprechend ist es nicht sinnvoll, die betroffenen Personen durch eine sofortige Fälligkeitsstellung der gesamten Kosten in ein neues Schuldenloch bzw. in einen neuen Schuldenkreislauf zu stürzen. Zudem ist zu bezweifeln, dass eine Person, die gerade eine Restschuldbefreiung erhalten hat, als besonders kreditwürdig gilt.

Damit auch hier eine Lösung gefunden wird, hat der Gesetzgeber eine weitere Stundung der Kosten ermöglicht. Allerdings hat diese Stundung nur ein Ziel: die Rückführung der gesamten Kosten. Demzufolge kann das Gericht eine Ratenzahlung gestatten. Während dieses Ratenzahlungszeitraums verzichten die entsprechenden Kassen auf eine Zwangsvollstreckung.

Um eine schnelle Rückführung zu gewährleisten, muss der Schuldner sein Einkommen und sein Vermögen einbringen, um die gestundeten

Beiträge zurückzuführen. Dazu gehören auch die Erbschaftsanteile, die nach § 295 Abs. 1 Nr. 2 InsO nicht an den Insolvenzverwalter oder Treuhänder abgeführt werden mussten. Sind nach der Verwertung des eventuellen Vermögens noch nicht alle gestundeten Beträge zurückgeführt worden, müssen die restlichen Beträge oder auch alle Beträge aus dem Einkommen finanziert werden.

Bezüglich der Höhe der Raten verweist die Insolvenzordnung auf § 115 Abs. 1 und 2 ZPO. Bemessungsgrundlage für die monatliche Ratenhöhe ist das Einkommen. Als Einkommen gelten alle Einkünfte in Geld oder Geldeswert. Von dem ermittelten Einkommen können nach den Regelungen des § 115 Abs. 1 ZPO unterschiedliche Aufwendungen abgezogen werden. Hierbei handelt es sich insbesondere um Unterhaltspflichten, Miete, Heizung und andere Beträge, soweit sie mit Rücksicht auf besondere Belastungen angemessen sind.

Ist das monatliche Einkommen festgestellt, ist dieses auf volle Euro zu runden. Entsprechend der Regelungen des § 115 ZPO sind die Stundungsbeträge auf maximal 48 Raten aufzuteilen. Auf die Zahl der Rechtszüge kommt es nicht an.

Seit 2014 werden die Stundungsraten nicht mehr nach einer Tabelle berechnet, sondern nach dem Nettoeinkommen abzüglich Freibeträgen, Wohnkosten und besonderen Belastungen. Der sich hieraus ergebende Betrag bildet das anrechenbare Einkommen. Von dem anrechenbaren Einkommen werden grundsätzlich 50 Prozent herangezogen. Ab einem anrechenbaren Einkommen von 600 EUR beträgt die monatliche Rate 300 EUR zuzüglich aller weiteren 600 EUR übersteigenden Einkommen.

Beispiel:

Berechnung der Stundungsrate

Peter Müller hat ein monatliches Nettoeinkommen von 2.200 EUR. Er ist verheiratet und hat ein Kind.

Berechnung:

Nettoeinkommen	2.200 EUR
Freibeträge	
– Erwerbsfreibetrag (§ 115 Abs. 1 Nr. 1b ZPO)	201 EUR

– Freibetrag der Partei (§ 115 Abs. 1 Nr. 2a ZPO)	442 EUR
– Freibetrag Ehegatte/Lebenspartner	442 EUR
– Freibetrag Kind	257 EUR
Wohnkosten	
– anrechenbare Wohnkosten	450 EUR
Ergebnis	
anrechenbares Einkommen	408 EUR
Rate	
50 % des anrechenbaren Einkommens	204 EUR

Die Regelungen der §§ 88 und 90 SGB XII finden bei der Ermittlung der Raten entsprechende Anwendung.

Wird eine Ratenzahlung bewilligt, ist der Schuldner verpflichtet, Änderungen der Einkommens- und Vermögensverhältnisse umgehend dem Gericht anzuzeigen. Wird die Änderung, im Besonderen die positive Änderung, dem Gericht nicht angezeigt, kann dies dazu führen, dass das Gericht die Stundung nachträglich aufhebt (siehe unten). Einkommens- oder Vermögensänderungen können sich insbesondere aus folgenden Gründen ergeben:

- Lohn- und Gehaltserhöhungen
- Schenkungen
- Erbschaften
- zusätzliche Arbeitseinkommen

Anhand der neuen Einkommens- und Vermögensverhältnisse ist das Gericht berechtigt, die Raten neu zu berechnen oder die Stundung insgesamt aufzuheben.

> ***Praxis-Tipp:***
>
> *Dem Gericht sollte jede Veränderung in den Einkommens- oder Vermögensverhältnissen gemeldet werden. Besser eine Meldung zu viel als eine Meldung zu wenig.*

Wichtig: Tritt eine Änderung der Verhältnisse beispielsweise schon während des gerichtlichen Einigungsversuchs ein und sind hier bereits Kosten gestundet, sind die Veränderungen ebenfalls dem Gericht mitzuteilen.

Das Gericht kann Änderungen nicht mehr zum Nachteil des Schuldners aussprechen, wenn seit der Beendigung des Verfahrens vier Jahre vergangen sind.

Aufhebung der Stundung

Eine bereits befürwortete Stundung kann auch wieder zurückgenommen werden. Allerdings setzt dies voraus, dass der Schuldner schon erheblich zur Aufhebung beiträgt. Der Gesetzgeber sieht es für ausreichend an, um eine bereits gewährte Stundung aufzuheben, wenn einer der folgenden Gründe (§ 4c InsO) gegeben ist:

- Der Schuldner hat vorsätzlich oder grob fahrlässig unrichtige Angaben über Umstände gemacht, die für die Eröffnung des Insolvenzverfahrens oder die Stundung maßgebend sind.
- Der Schuldner hat die vom Gericht verlangten Erklärungen über seine Einkommens- oder Vermögensverhältnisse nicht abgegeben.
- Die persönlichen oder wirtschaftlichen Voraussetzungen für eine Stundung haben nicht vorgelegen (Aufhebung nur innerhalb der vierjährigen Frist möglich; siehe oben).
- Der Schuldner ist länger als drei Monate mit der Zahlung der Monatsraten oder der Zahlung eines sonstigen Betrags in Rückstand.
- Der Schuldner übt keine angemessene Erwerbstätigkeit aus und bemüht sich nicht um eine solche oder lehnt eine solche ab, wodurch die Befriedigung der Insolvenzgläubiger beeinträchtigt wird (auf ein Verschulden des Schuldners kommt es nicht an).
- Der Schuldner ist ohne Beschäftigung, bemüht sich nicht um eine solche oder schlägt eine zumutbare Tätigkeit aus, wodurch die Befriedigung der Insolvenzgläubiger beeinträchtigt wird (auf ein Verschulden des Schuldners kommt es nicht an).
- Die Restschuldbefreiung wird versagt oder widerrufen.

Praxis-Tipp:

Sollten sich Ihre wirtschaftlichen Verhältnisse während der Ratenzahlung verschlechtern, sollten Sie sich umgehend an das Gericht wenden. Das Gericht kann dann prüfen, ob die Ratenhöhe noch angemessen ist, und passt diese den neuen Gegebenheiten an. Rückstände sollten möglichst vermieden werden.

Beschwerde bei Ablehnung

Der Schuldner hat das Recht zur sofortigen Beschwerde, wenn die Stundung abgelehnt oder aufgehoben wird. Weiterhin kann eine sofortige Beschwerde erfolgen, wenn das Gericht die Beiordnung eines Rechtsanwalts ablehnt.

Was man vorher wissen sollte

Bevor auf den nächsten Seiten das Verfahren näher erklärt wird, sind grundsätzliche Vorüberlegungen hilfreich.

Wann sollte man sich Gedanken über ein Restschuldbefreiungsverfahren machen?

Heute sind mehr als 6,85 Millionen Haushalte in Deutschland überschuldet. Dieses Wissen hilft im Moment zwar nicht weiter, soll aber zeigen, dass man sich nicht unbedingt für seine Schulden schämen muss. Leider macht es die Wirtschaft den Verbrauchern auch sehr leicht, in die Schuldenfalle zu tappen. Viele Unternehmen locken mit großzügigen Zahlungsangeboten. Ohne größere Prüfung der Liquidität wird mit Kleinkrediten nur so um sich geworfen. Hier ein paar bekannte Beispiele:

„Heute kaufen, in sechs Monaten zahlen!“
„Günstige Finanzierung ab 20 EUR monatlich.“
„Wir zahlen Höchstpreise für Ihren Gebrauchten.“

Die verlockenden offenen Angebote können schnell dafür sorgen, den Überblick zu verlieren. Darüber hinaus wartet aber auch das tägliche

Leben mit kleinen Fallen. Ganz weit oben steht das Smartphone, vor allem Jugendliche sind hier besonders gefährdet.

Erste Gedanken über ein Schuldenbereinigungsverfahren sollte man sich dann machen, wenn das Einkommen nicht mehr ausreicht, um die normalen Lebenshaltungskosten und die Schulden vollständig zu decken. In den meisten Fällen verpasst man diesen Zeitpunkt. Meist will man es nicht wahrhaben, dass das Einkommen nicht mehr reicht. Aber auch die Scham, sich vor einer fremden Person als Überschuldeter zu offenbaren, verhindert eine rechtzeitige Gegenmaßnahme. Spätestens wenn die ersten Pfändungen vorliegen, sollte man sich um eine Schuldbefreiung bemühen.

Vorsicht vor unseriösen Helfern

Leider tummeln sich auf dem Markt der Helfer auch unseriöse Helfer. Hier lassen sich zwei Gruppen unterscheiden. Bei der einen Gruppe handelt es sich um Kreditvermittler. Wie aus der Tagespresse bekannt, bieten hier viele Kreditvermittler schnelle und unkomplizierte Bargeldzahlungen an. Dabei wird insbesondere darauf hingewiesen, dass

- keine SCHUFA-Auskunft verlangt wird
- die Kredite auch an Arbeitslose vergeben werden
- keine Bürgen und Sicherheiten verlangt werden
- Bargeld ohne vorheriges Gespräch vergeben wird

Diese Kreditangebote sollte man gleich dahin befördern, wo sie eigentlich hingehören – in den Papierkorb. Hintergrund solcher Angebote ist in der Regel nicht der Wille, mit einem Kredit zu helfen, sondern die Notlage der Schuldner auszunutzen. Das Prinzip, dass sich Schuldner an jeden Strohhalm klammern, der sie aus der Schuldnerfalle ziehen könnte, wird sich hier zunutze gemacht.

Bei solchen Kreditgeschäften geht es dem Kreditgeber nicht darum, dem Schuldner Geld zu verschaffen, sondern für seine Angebote zumeist überzogene Gebühren zu verlangen. Beispielsweise wird bereits für die Übersendung des Kreditantrags eine Gebühr verlangt. Nach der Zahlung von weiteren Gebühren, meist als Aufwendungen getarnt, wird das Kreditangebot mit fadenscheinigen Gründen zurückgenommen.

Wenn man mal genau darüber nachdenkt, kann es auch nicht anders sein. Ein Kreditinstitut wäre naiv, wenn es ohne eigene Prüfung einer Person Geld gibt, die kurz vor einer Insolvenz steht. Das Ausfallrisiko des Kredits wäre viel zu hoch.

Einen betrügerischen Kreditvermittler erkennt man nicht an seinem Aussehen. Solche Leute spielen immer den seriösen Kaufmann und versuchen so das Vertrauen zu erwerben. Unseriöse Angebote erkennen Sie insbesondere an folgenden Merkmalen:

- Für Leistungen werden Vorauszahlungen verlangt.
- Vor Abschluss des eigentlichen Kreditvertrags wird vorab eine Gebührenrechnung (meist pauschale Kosten) ausgestellt.
- Der Kunde soll einen Beratervertrag abschließen.
- Kreditgeber ist fast immer ein ausländisches Unternehmen.
- Der Kreditvermittler kann zumeist nur über Handy oder teure Sondernummern erreicht werden.

Häufig behaupten die Kreditvermittler, dass die Bonität aufgebessert werden kann, indem man zusätzliche Spar- oder Versicherungsverträge abschließt. Auch hier geht es dem Vermittler nicht um das Wohl des Schuldners, sondern um die Vermittlungsprovisionen bei den entsprechenden Vertragspartnern. Selbst wenn das Angebot noch so verlockend ist: Finger weg von solchen Krediten!

> ***Praxis-Tipp:***
>
> *Lassen Sie sich nicht auf die guten Finanzierungsvorschläge von dubiosen Kreditvermittlern ein. Spätestens, wenn es um das Thema Vorkasse geht, sollten Sie den Vermittler zur Tür bitten.*

Bei der anderen Gruppe handelt es sich um die unseriösen Berater. Hier versucht man, dem Schuldner durch Beratungsangebote und vermeintliche Hilfestellungen das noch übrige Geld aus der Tasche zu ziehen. Der unseriöse Berater verlangt vom Schuldner für seine angebliche Beratungsleistung horrende Gebühren. Dabei wird dem Schuldner vorgegaukelt, dass tatsächlich etwas getan wird. Auch hier sollte man sich nicht täuschen lassen.

Eine seriöse Beratung bzw. ein seriöser Berater zeichnet sich insbesondere durch folgende Punkte aus:

- Die Beratung ist kostenfrei.
- Die Beratung ist umfassend.
- Der Träger der Beratungsstelle ist ersichtlich.
- Der Berater oder die Beratungsstelle ist zugelassen.

> ***Praxis-Tipp:***
>
> *Auch wenn es mit der Terminvergabe mal etwas länger dauert, sollte man dennoch auf einen Termin bei einer der zahlreichen legitimierten Beratungsstellen warten. Die unseriösen Berater versprechen viel, halten aber nur wenig und sind zudem teuer.*

Die soliden Beratungsstellen in Deutschland werden in der Regel durch die Wohlfahrtsverbände, Kommunen und Landkreise getragen. Hierzu gehören unter anderem die Schuldnerberatungsstellen. Anschriften geeigneter und vor allem zugelassener Beratungsstellen findet man über die Verbraucherzentralen der jeweiligen Bundesländer (Anschriften siehe Seite 136).

Das Pfändungsschutzkonto (P-Konto)

Im Jahr 2010 hat der Gesetzgeber eine Regelung getroffen, die es ermöglicht, aus einem bestehenden Girokonto eines Schuldners ein Pfändungsschutzkonto, das sogenannte P-Konto, zu machen. Auf Antrag des Schuldners wird eine Pfändungsfreigrenze in das bestehende Girokonto eingetragen. Dieser Eintrag sorgt im Fall einer Pfändung des Kontos dafür, dass innerhalb eines Kalendermonats eingehende Beträge bis zur eingetragenen Pfändungsfreigrenze nicht an den Pfändungsgläubiger, sondern an den Schuldner ausgezahlt werden.

Diese Regelung hat insbesondere zwei Vorteile. Zum einen werden die Gerichte nicht mit Klagen im Zusammenhang mit der Höhe der Pfändungsfreigrenze belastet, zum anderen wirken sich sogenannte Blockadepfändungen der Gläubiger nicht mehr so stark aus, da der Geldverkehr unterhalb der Pfändungsfreigrenze nicht mehr durch die Pfändung blockiert wird.

Antragstellung

Wer ein P-Konto beantragen möchte, kann dies jederzeit tun und sollte es auch tun, wenn eine Pfändung droht. Die Antragstellung erfolgt bei dem Kreditinstitut oder der Sparkasse, bei der das Konto geführt wird. Für den Antrag selbst gibt es ein Antragsformular, worin dem Kreditinstitut oder der Sparkasse die Höhe des einzutragenden Freibetrags mitgeteilt wird. Dieses Formular muss von Antragsteller ausgefüllt und die Richtigkeit von einer berechtigten Stelle bestätigt werden – vor dem Gang zur kontoführenden Bank. Zu finden ist dieses Formular auf den Webseiten der Verbraucherzentralen (siehe Seite 136).

Die Angaben auf dem Formular können von folgenden Stellen/Personen bestätigt werden:

- Arbeitgeber
- Sozialleistungsträger
- Familienkassen
- Rechtsanwälte
- Steuerberater
- anerkannte Schuldner- und Verbraucherinsolvenzberatungsstellen

Geht aus einer elektronischen Gehaltsbescheinigung die Unterhaltsverpflichtung hervor, reicht diese in der Regel auch als Nachweis. Die Bank ist verpflichtet, dem Wunsch zu entsprechen, da nach § 850k Abs. 7 ZPO ein Rechtsanspruch des Bankkunden besteht.

> ***Praxis-Tipp:***
>
> *Das P-Konto sollte man stets vereinbaren. So ist man bereits vor dem Ausbringen einer Pfändungsmaßnahme durch Gläubiger geschützt. Eine kostenlose Hilfe im täglichen Leben, auch wer kein Verbraucherinsolvenzverfahren durchführen will oder muss.*

Die Banken sind zwar zur Umwandlung eines Kontos, nicht aber zur Eröffnung eines neuen Girokontos verpflichtet. Gemeint sind diejenigen Bankkunden, die bei einem neuen Kreditinstitut ein Girokonto eröffnen möchten. Hier kann die Bank grundsätzlich weiterhin die Neuaufnahme verweigern. In diesen Fällen bleibt aber noch die Möglichkeit auf ein „Girokonto für jedermann“.

Auch wenn das bestehende Girokonto bereits mit einer Kontenpfändung belegt ist, kann dieses zu einem P-Konto umgewandelt werden. In diesem Fall erfolgt die Umwandlung zu Beginn des vierten Tages nach Abgabe der Erklärung des Kontoinhabers, dass das Girokonto in ein P-Konto umgewandelt werden soll.

Welchen Nutzen hat das Konto?

Wie bereits erwähnt, schützt das Konto bis zu einem bestimmten Betrag vor dem Zugriff von Gläubigern. Die Höhe des Pfändungsschutzes ergibt sich aus dem Pfändungsfreibetrag gemäß § 850 ZPO (siehe Pfändungstabelle). Grundsätzlich wird jedes P-Konto mit dem Basisbetrag in Höhe von 1.178,99 EUR geführt. Der Basisbetrag kann jedoch erhöht werden. Gemeint sind hier die Pfändungsfreibeträge für alle unterhaltsberechtigten Personen und andere unpfändbare Beträge (siehe Seite 69). Einen besonderen Schutz genießt beispielsweise das Kindergeld.

Der Basisbetrag kann sich gemäß § 850k Abs. 2 Nr. 1a oder Nr. 1b ZPO wie folgt erhöhen:

- für die erste unterhaltsberechtigte Person um 443,57 EUR
- für jede weitere unterhaltsberechtigte Person um 247,12 EUR

Zusätzlich ergeben sich Erhöhungen aus:

- laufenden Bezügen zum Ausgleich eines durch einen Körper- oder Gesundheitsschaden bedingten Mehraufwands (§ 850k Abs. 2 Nr. 2 ZPO in Verbindung mit § 54 Abs. 3 Nr. 3 SGB I)
- dem zustehenden Kindergeld pro Kind (§ 850k Abs. 2 Nr. 3 ZPO)
- Kinderzuschlägen
- einmaligen Sozialleistungen (§ 850k Abs. 2 Nr. 2 ZPO)

Soll der Sockelfreibetrag um weitere Freibeträge erhöht werden, muss der Kunde die Voraussetzungen über entsprechende Bescheinigungen nachweisen. Dies gilt insbesondere für die Unterhaltsberechtigten oder die Zahl der Mitglieder einer Bedarfsgemeinschaft, wenn der Kunde hierfür Leistungen des SGB II oder SGB XII entgegennimmt. Weiterhin sind einmalige und wiederkehrende Sozialleistungen, das Kindergeld

1 und andere Sozialgeldleistungen für Kinder, über Bescheinigungen nachzuweisen.

Genügen die Freibeträge nicht, kann die Pfändungsschutzgrenze nach einem entsprechenden Antrag durch das Amtsgericht erhöht werden.

Beispiel:

Pfändungsfreibetrag und P-Konto

Peter Müller lässt von seiner Bank ein Pfändungsschutzkonto einrichten. Neben ihm leben in seinem Haushalt seine Ehefrau und die Tochter Klara. Gegenüber beiden Personen ist Herr Müller unterhaltspflichtig.

Der Pfändungsschutzbetrag ermittelt sich wie folgt:

Grundfreibetrag für Herrn Müller		1.178,59 EUR
Freibetrag für Frau Müller (erste Person)	+	443,57 EUR
Freibetrag für Tochter Klara (weitere Person)	+	247,12 EUR
Freibetrag Kindergeld Tochter Klara	+	219,00 EUR
Monatlicher Pfändungsschutzbetrag	=	**2.088,28 EUR**

Über die im P-Konto festgeschriebenen Pfändungsfreibeträge kann der Kontoinhaber frei verfügen. Dies gilt auch, wenn das Konto unter dem Pfändungsbeschlag durch eine Kontopfändung steht. Das war früher nicht so. Hier galt so lange der Pfändungsbeschlag, bis nachgewiesen wurde, dass es sich um unpfändbare Beträge handelte. Die sogenannte Kontenblockade ist hier nicht mehr möglich. Das P-Konto bietet somit den Vorteil, dass im Rahmen der Pfändungsfreibeträge die finanzielle Beweglichkeit erhalten bleibt.

Beispiel:

Wirkung der Pfändung beim P-Konto

Beispiel wie zuvor, jedoch wird das Konto des Herrn Müller vom Finanzamt am 20.03. gepfändet. Der Pfändungsbetrag beläuft sich auf 5.000 EUR. Herr Müller hat zuvor sein Girokonto in ein P-Konto umgewandelt. Am 01.04. geht auf dem P-Konto sein Nettoeinkommen in Höhe von 2.200 EUR ein.

Die Bank ist gegenüber dem Finanzamt nur verpflichtet, das über den Pfändungsschutzbetrag hinausgehende Guthaben in Höhe von 111,72 EUR an den Gläubiger zu überweisen. Die restlichen 2.088,28 EUR stehen trotz des noch nicht vollständig erfüllten Pfändungsbetrags Herrn Müller frei zur Verfügung. So kann er beispielsweise am 02.04. seine Wohnungsmiete in Höhe von 600 EUR pünktlich überweisen.

Neben der obigen Berechnung besteht auch die Möglichkeit, dass man die Pfändungsfreibeträge aus der Pfändungstabelle als Pfändungsschutzbetrag bestimmt. Auch hier muss das Amtsgericht entscheiden. Die Übernahme der Pfändungsfreibeträge nach der Pfändungstabelle kann sinnvoll sein, wenn dieser die Pfändungsfreigrenze des P-Kontos übersteigt. In diesem Fall erspart man sich zusätzlichen Ärger, wenn der Lohn bereits gepfändet ist und nur noch der unpfändbare Teil auf das Bankkonto überwiesen wird.

Beispiel:

Pfändungsfreibeträge nach Pfändungstabelle

Im vorhergehenden Beispiel wird das P-Konto mit einem Pfändungsfreibetrag von 2.088,28 EUR geführt. Herr Müller ist Arbeitnehmer und erhält ein monatliches Nettogehalt von 2.400 EUR. Nach der Pfändungstabelle ergibt sich ein Pfändungsfreibetrag (bei zwei unterhaltsberechtigten Personen) in Höhe von 2.187,71 EUR.

Geht das Gehalt bei einem unveränderten Pfändungsfreibetrag auf dem P-Konto ein, sind nur 2.088,28 EUR geschützt. Demzufolge müsste die Bank bei einer vorliegenden Pfändung die Differenz an den Gläubiger auskehren. Wird der Pfändungsfreibetrag auf dem P-Konto dem der Pfändungstabelle angeglichen, kann Herr Müller über einen Betrag von 2.187,71 EUR frei verfügen.

Nicht verbrauchte Pfändungsfreibeträge müssen nicht an den Gläubiger ausgekehrt werden. Dies ist bei einer Pfändung eines „normalen" Girokontos anders. Dort müssen solche Beträge unter bestimmten Voraussetzungen an den Pfändungsgläubiger ausgekehrt werden. Beispielsweise sind bei einem Girokonto gutgeschriebene Sozialleistungen innerhalb von sieben Tagen durch den Kontoinhaber abzuheben. Beim P-Konto ist das anders: Werden nicht alle von der Pfändungsfreigrenze geschützten Beträge verbraucht, können diese in den Folgemonat übernommen werden.

Beispiel:

Beträge des Vormonats

Herr Müller hat von den geschützten 2.088,28 EUR am Monatsende 200 EUR noch nicht verbraucht. Dieser Betrag steht als Guthaben auf dem Konto.

Nach der Regelung zum P-Konto werden die 200 EUR am Monatsende nicht an die Gläubiger ausgezahlt, sondern können auf dem Konto verbleiben.

Wird aus irgendeinem Grund ein noch höherer Pfändungsfreibetrag benötigt, ist eine gerichtliche Entscheidung über die zusätzliche Höhe notwendig.

Geschützte Einkünfte

Der Pfändungsschutz des P-Kontos bezieht sich auf Guthaben als solches. Aus diesem Grund ist die Art der Einkünfte unbeachtlich. Bei einem „normalen" Girokonto ist das nicht so. Das bedeutet, dass neben dem Arbeitseinkommen auch Einkommen aus einer selbstständigen Tätigkeit über das P-Konto geschützt sind. Gleiches gilt für Geldgeschenke. Dies stellt einen erheblichen Vorteil für einen Schuldner dar.

Beispiel:

Geschützte Einkünfte

Liesel Klein betreibt eine kleine Trinkhalle. In ihrem Haushalt lebt nur ihr Ehemann. Es ergibt sich ein Pfändungsschutzbetrag in Höhe von 1.355,91 EUR. Dieser wurde als Pfändungsschutzbetrag in das P-Konto übernommen. Im Monat Mai wurden Einnahmen aus der selbstständigen Tätigkeit in Höhe von 400 EUR dem Konto gutgeschrieben. Weiterhin erhielt Frau Klein von ihrer Mutter zum Geburtstag 700 EUR geschenkt.

Diese Zahlung wurde ebenfalls dem P-Konto gutgeschrieben. Am Monatsende befand sich ein Guthaben in Höhe von 1.100 EUR auf dem Konto. Würde jetzt eine Kontopfändung erfolgen, wären 1.100 EUR des Guthabens aufgrund der Pfändungsschutzwirkung des P-Kontos geschützt.

Anzahl der P-Konten

Jede natürliche Person darf nur ein P-Konto führen. Überwacht wird dies von der SCHUFA. Die Banken sind ermächtigt, der SCHUFA mitzuteilen, für welche Bankkunden ein P-Konto geführt wird. Entsprechend können die Banken prüfen, ob bei einer anderen Bank bereits ein P-Konto besteht.

Wird neben dem P-Konto ein weiteres Girokonto geführt, wirkt sich der Pfändungsschutz nur auf das P-Konto aus. Das heißt, dass für das Girokonto kein weiterer Pfändungsschutz gemäß ZPO beantragt werden kann.

Nützliche Hinweise zum P-Konto

- Die Bank darf das P-Konto durch die Einleitung eines Insolvenzverfahrens nicht auflösen (LG Verden vom 19.09.2013, Az. 4 S 3/13).
- Vom Weihnachtsgeld verbleiben dem Schuldner 500 EUR.
- Aufgrund der Einrichtung eines P-Kontos darf das Kreditinstitut oder die Sparkasse keine erhöhten Gebühren erheben. Gleiches gilt für Gebühren für die Umwandlung (BGH vom 16.07.2013, Az. XI ZR 260/12, und vom 13.11.2012, Az. XI ZR 145/12 und Az. XI ZR 500/11).
- Wurden überhöhte Kontoführungsgebühren von der Bank berechnet, können diese zurückgefordert werden. Die Verbraucherzentralen (siehe Seite 136) halten hierzu sehr gute Musterbriefe bereit.
- Wird ein Konto umgestellt, ist die Bank nicht berechtigt, den D po-Kredit zu kürzen bzw. zu beenden. Auch dazu stellen d braucherzentralen (siehe Seite 136) entsprechende Must Verfügung.

Achtung vor Betrügern

Bei der Aufbereitung des Themas ist aufgefallen, dass die Verbraucherschützer vor unseriösen Vermittlern warnen. So bieten sogenannte Dienstleister Giro- oder Pfändungsschutzkonten insbesondere denjenigen Personen an, die bisher Schwierigkeiten hatten, ein Girokonto bei einer Bank zu erhalten. Dafür werden dann Vermittlungsgebühren im Bereich von 20 bis 120 EUR verlangt. Von der Inanspruchnahme solcher Leistungen wird dringend abgeraten.

> ***Praxis-Tipp:***
>
> *Wer kein „normales" Girokonto erhält, sollte versuchen, ein Girokonto auf Guthabenbasis zu eröffnen. Die bisherigen Erfahrungen haben gezeigt, dass Sparkassen am ehesten bereit sind, ein solches Konto einzurichten.*

Wichtige Fachbegriffe

Das Gesetz nennt häufig Fachbegriffe. Vorab werden die wichtigsten Begriffe in Zusammenhang mit dem Schuldenbereinigungsverfahren kurz vorgestellt.

Abtretung

Bei der Abtretung handelt es sich um einen Vertrag zwischen zwei Rechtspersönlichkeiten, wobei die eine der anderen den pfändbaren Teil ihrer Forderung gegen einen Dritten abtritt (vgl. §§ 398, 400 BGB). Aufgrund der Abtretung wird der Abtretungsempfänger Gläubiger der Forderung. Eine Pfändung abgetretener Ansprüche ist somit nicht möglich. Der Abtretungsvertrag (§ 398 BGB) muss eine bestimmte Forderung oder eine bestimmbare Forderung zum Gegenstand haben, den neuen Gläubiger bezeichnen und erforderlichenfalls den Umfang der Abtretung bestimmen oder zumindest bestimmbar darstellen. Ist die Abtretung unwirksam, gilt sie als nicht zustande gekommen. Hat ein Gläubiger eine unwirksame Abtretung offengelegt, ist er verpflichtet, für den entstandenen Schaden einzustehen (vgl. BGH NJW [illegible], S. 2754).

Berichtstermin

Der Berichtstermin ist ein zentraler Termin im Rahmen des eröffneten Verfahrens. Hier nimmt der Insolvenzverwalter Stellung zu seinen beim Schuldner ermittelten Sachverhalten. Im Wesentlichen werden im Bericht wirtschaftliche Aspekte dargestellt. Nach Diskussion des Berichts entscheiden die Gläubiger durch Abstimmung über den Fortgang des Verfahrens. Zugelassen zum Termin sind neben dem Rechtspfleger und dem Verwalter oder Treuhänder die Gläubiger und natürlich der Schuldner.

Insolvenzgläubiger

Als Insolvenzgläubiger bezeichnet man den Personenkreis, der eine persönliche Forderung gegen den Schuldner hat.

Insolvenzmasse

Der Begriff Insolvenzmasse wird in § 35 InsO geregelt. Grundsätzlich gehört das gesamte Vermögen des Antragstellers im Zeitpunkt der Eröffnung zur Insolvenzmasse. Wurden vor der Eröffnung Vermögenswerte veräußert, verschenkt oder gepfändet, wird vom Insolvenzverwalter geprüft, ob diese zur Insolvenzmasse gehören. Sollte dies der Fall sein, kann der Insolvenzverwalter die vorgenannten Handlungen im Wege einer Anfechtung rückgängig machen. Einfacher gesagt: Der veräußerte, verschenkte oder gepfändete Vermögenswert fließt der Masse wieder zu. Insbesondere folgende Gegenstände werden der Insolvenzmasse zugerechnet:

- Grundvermögen, sofern dieses im Eigentum des Schuldners steht
- Erbbaurechte
- grundstücksgleiche Rechte (z. B. Bergwerkseigentum, Jagd- und Fischereirechte)
- Wohnungs- und Teileigentum (Eigentumswohnungen)
- Urkunden über Forderungen und Rechte (Aktienurkunden, Sparbücher, Grundpfandrechtsbriefe)
- Manuskripte, deren Urheber der Schuldner ist, gehören nur mit dessen Einwilligung zur Insolvenzmasse

- Anteile an Gesellschaften bürgerlichen Rechts (GbR)
- Anteile an Aktiengesellschaften (AG), Gesellschaften mit beschränkter Haftung (GmbH) und Personengesellschaften (OHG, KG)
- pfändbare Anteile von unübertragbaren Forderungen gemäß § 851 Abs. 2 ZPO
- Forderungen, sofern nicht abgetreten
- Versicherungserstattungen, wenn diese nicht zugunsten eines Dritten erfolgen
- Steuererstattungsansprüche
- Bankguthaben
- Schuldverschreibungen
- Pfandbriefe
- Kommunalobligationen
- Optionsscheine
- Besserungsscheine
- Anwartschaftsrechte

Handelt es sich bei den Sachen um Sachen des gewöhnlichen Hausrats, die auch im Haushalt des Schuldners im Gebrauch sind, gehören diese nicht zur Insolvenzmasse, wenn ohne Zweifel ersichtlich ist, dass der hieraus voraussichtlich zu erzielende Erlös in keinem Verhältnis zum Wert steht. Im Regelfall handelt es sich um Gegenstände, bei denen der Verwertungserlös gerade oder gar nicht die Kosten der Verwertung deckt.

Bei Ehegatten, die in einer Gütergemeinschaft leben und bei denen das Gesamtgut vom insolventen Ehegatten verwaltet wird, gehört dieses Gesamtgut zur Insolvenzmasse. Wird das Insolvenzverfahren über das Vermögen des nichtverwaltenden Ehegatten eröffnet, gehört das Gesamtgut nicht zur Insolvenzmasse. Verwalten beide Ehegatten das Gesamtgut gemeinsam, wird das Gesamtgut durch die Insolvenz eines Ehegatten ebenfalls nicht berührt.

Insolvenzfreies Vermögen

Hinter dem Begriff „insolvenzfreies Vermögen“ verbergen sich die Vermögensbestandteile eines Schuldners, die nicht zur Insolvenzmasse gehören. Dies ist zum einen das unpfändbare Vermögen, zum anderen das Vermögen, das aus der Masse durch den Treuhänder oder Insolvenzverwalter freigegeben wird. Ausnahmen hiervon ergeben sich aus dem sogenannten Neuerwerb (siehe dort).

Über diese nicht zur Insolvenzmasse gehörenden Vermögensgegenstände kann der Schuldner frei verfügen. Auch steht es jedem Schuldner frei, diese Gegenstände der Insolvenzmasse zur Verfügung zu stellen. Grund für eine solche Handlung könnte beispielsweise die Stärkung der Masse sein.

Insolvenzplan

Der Insolvenzplan wird in der Regel vom Insolvenzverwalter erarbeitet. Er kann aber auch vom Schuldner vorgelegt werden. Der Insolvenzplan besteht aus einem darstellenden und einem gestaltenden Teil. Im darstellenden Teil werden im Wesentlichen die Maßnahmen beschrieben, die nach Eröffnung des Insolvenzverfahrens getroffen worden oder noch zu treffen sind. Der gestaltende Teil beschreibt, inwiefern die Rechtsstellungen der einzelnen Beteiligten durch den Insolvenzplan geändert werden. Zudem können hierzu Gläubigergruppen gebildet werden.

Wird der Insolvenzplan rechtskräftig bestätigt, treten die im gestaltenden Teil festgelegten Wirkungen für und gegen alle Beteiligten ein (§ 254 Abs. 1 InsO). Der Insolvenzplan entfaltet die Wirkung eines vollstreckbaren Titels. Erfüllt der Schuldner beispielsweise seine Verpflichtungen später nicht, können die Insolvenzgläubiger aus diesem Plan die Zwangsvollstreckung betreiben.

Der Insolvenzplan wirkt nicht gegen Dritte (§ 254 Abs. 2 InsO). Das heißt, dass beispielsweise ein Bürge des Schuldners nicht vom Insolvenzplan berührt ist. Insoweit können sich die Gläubiger weiter an diesen Dritten wenden.

Insolvenzverfahren

Bei dem Insolvenzverfahren (auch Regelverfahren genannt) handelt es sich um das eigentliche Verfahren für überschuldete und in Zahlungsunfähigkeit geratene Schuldner.

Das Verbraucherinsolvenzverfahren läuft nach den Regelungen des Insolvenzverfahrens. Ausgenommen sind jedoch die Regelungen zur Eigenverwaltung nach §§ 270 bis 285 InsO. Sie finden im Verbraucherinsolvenzverfahren keine Anwendung.

Liquidierung

Unter Liquidierung ist die Veräußerung des Schuldnervermögens zu verstehen. Die Erlöse aus der Veräußerung fließen der Insolvenzmasse zu und werden – nach Abzug der Kosten – auf die Gläubiger verteilt.

Masse

Als Masse bezeichnet man das Vermögen des Schuldners, das der Verwaltung des Insolvenzverwalters oder Treuhänders unterliegt. Die Eröffnung eines Insolvenz- bzw. Verbraucherinsolvenzverfahrens wird zurückgewiesen, wenn die Verfahrenskosten nicht gedeckt werden können und keine Bereitschaft besteht, diese zu finanzieren.

Neuerwerb

Als Neuerwerb wird das Vermögen oder auch Einkommen bezeichnet, das nach der Eröffnung des Verfahrens dem Schuldner zufließt. Im Verbraucherinsolvenzverfahren dürfte dies beispielsweise das Arbeitseinkommen sein. Dieser sogenannte Neuerwerb gehört zur Insolvenzmasse. Nicht zum Neuerwerb gehört das insolvenzfreie Vermögen, etwa der unpfändbare Teil des Arbeitseinkommens.

Null-Plan

Von einem Null-Plan ist zu sprechen, wenn der Schuldner weder über ein pfändbares noch über ein wirtschaftliches Vermögen verfügt. Der Schuldenbereinigungsplan würde somit einen 100-prozentigen Forderungsverzicht vorsehen. Das Gegenstück zu diesem Null-Plan ist der sogenannte flexible Null-Plan. Hier schlägt der Schuldner den Gläubigern vor, bei Verbesserung der wirtschaftlichen Situation über einen bestimmten Zeitraum Beträge zu zahlen, die dem pfändbaren Teil des Einkommens entsprechen werden.

Obliegenheiten

Als Obliegenheiten (§ 295 InsO) bezeichnet man die Verpflichtungen des Schuldners im Zeitraum zwischen der Beendigung des Insolvenzverfahrens und dem Ende der Abtretungsfrist. Grundsätzlich muss der Schuldner folgende Verpflichtungen erfüllen:

Der Schuldner muss eine angemessene Erwerbstätigkeit ausüben.

Beispiel:

Angemessene Tätigkeit

Fritz Müller ist als ausgebildeter Kaufmann bei der Firma Hamster als Abteilungsleiter beschäftigt. Sein monatliches Nettogehalt beläuft sich auf ca. 2.000 EUR.

Die Tätigkeit ist als angemessen anzusehen, da sie im Rahmen der beruflichen Qualifikation von Herrn Müller steht.

§ **Rechtsprechung**

Übt ein Schuldner eine Teilzeitbeschäftigung aus, muss er sich dennoch um eine angemessene Vollzeitbeschäftigung bemühen (BGH vom 14.01.2010, Az. IX ZR 93/09).

Hat ein Schuldner eine Kinderbetreuung übernommen, bestimmt sich der Umfang der zumutbaren Tätigkeit nach den zu § 1570 BGB entwickelten Maßstäben (BGH vom 03.12.2009, Az. IX ZB 139/07).

Übt der Schuldner in der Wohlverhaltensphase eine selbstständige Tätigkeit aus und bemerkt, dass die Tätigkeit nicht genug erwirtschaftet, muss er nachweisen, dass er sich um eine angemessene abhängige Beschäftigung bemüht hat (BGH vom 07.05.2009, Az. IX ZB 133/07).

Ist der Schuldner arbeitslos, hat er sich um eine Anstellung zu bemühen und darf keine zumutbare Tätigkeit ablehnen.

Beispiel:

Arbeitslosigkeit

Der überschuldete Kaufmann Dieter Wuttke ist seit zwei Jahren arbeitslos. Während des Insolvenzverfahrens wird ihm von der Agentur für Arbeit

eine seiner Ausbildung entsprechende Arbeitsstelle angeboten. Herr Wuttke versäumt ohne Grund das Vorstellungsgespräch, so dass die Stelle mit einem anderen Bewerber besetzt wird.
Herr Wuttke hat sich durch das Versäumen des Vorstellungstermins nicht ernsthaft um eine Anstellung bemüht. Das hat zur Folge, dass hier ein Verstoß gegen die Obliegenheiten vorliegt und das Insolvenzverfahren auf Antrag der Gläubiger aufgehoben werden kann.

Erwirbt der Schuldner Vermögen im Rahmen der Erbfolge oder vorweggenommenen Erbfolge, hat er die Hälfte des Werts an den Treuhänder herauszugeben. Gleiches gilt für Schenkungen.

Beispiel:

Vermögenszuwachs im Rahmen der vorweggenommenen Erbfolge
Der Insolvenzschuldner Jürgen Dose erhält im Rahmen einer vorweggenommenen Erbfolge ein Gleichstellungsgeld von seiner Schwester in Höhe von 25.000 EUR.
Herr Dose muss dem Treuhänder den Wert des Vermögenszuwachses (25.000 EUR) mitteilen und ihm 12.500 EUR (50 Prozent) auszahlen. Verstößt Herr Dose gegen diese Verpflichtung, kann dies zum Scheitern des Verfahrens führen.

§ **Rechtsprechung**

Verzichtet der Schuldner im Erbfall auf seinen Erbteil, liegt kein Verstoß gegen die Obliegenheiten vor (BGH vom 25.06.2009, Az. XI ZB 196/08).

Wechselt der Schuldner den Wohnsitz oder die Beschäftigungsstelle, ist dies unverzüglich dem Insolvenzgericht, dem Insolvenzverwalter oder dem Treuhänder mitzuteilen.

Wächst dem Schuldner im Verlauf des Verfahrens Vermögen zu, hat er dies unverzüglich dem Gericht oder dem Insolvenzverwalter mitzuteilen.

Beispiel:

Verschweigen von Vermögenszuwächsen
Fritz Jung ist seit zwei Jahren Insolvenzschuldner. Bisher war er für die Firma Allbus tätig. Sein monatliches Nettogehalt betrug 1.750 EUR. Im Sommer 2021 wird ihm von der Firma Groß eine Abteilungsleiterstelle angeboten. Die Stelle ist mit einem monatlichen Nettogehalt in Höhe von 2.400 EUR dotiert. Herr Jung wechselt daraufhin sofort seinen Arbeitgeber. Allerdings verschweigt er dies dem Insolvenzgericht und dem Treuhänder.
Herr Jung hat somit gegen zwei Verpflichtungen verstoßen. Zum einen hat er gegen die Meldepflicht bei Wechsel des Arbeitgebers, zum anderen gegen die Meldepflicht bei Vermögenszuwachs (hier mehr Gehalt) verstoßen. Das hat zur Folge, dass das Insolvenzverfahren nicht zur Restschuldbefreiung führen wird.

Zahlungen zur Befriedigung der Insolvenzgläubiger sind nur an den Treuhänder zu leisten. Sonderzahlungen direkt an die Insolvenzgläubiger sind untersagt.

Beispiel:

Sonderzahlung direkt an einen Insolvenzgläubiger
Unter den Insolvenzgläubigern des Schuldners Günter Jost ist sein Freund Heinz Müller. Herr Jost schuldet Herrn Müller einen Betrag in Höhe von 6.000 EUR aus einer alten Darlehensvereinbarung. Um die Freundschaft mit Herrn Müller nicht aufs Spiel zu setzen, zahlt er ihm die volle Darlehenssumme direkt – nicht über den Treuhänder – zurück.
Auch hier liegt eine Verletzung der Obliegenheitsverpflichtungen vor, da Herr Jost einem Gläubiger einen Sondervorteil zukommen lässt. Das hat zur Folge, dass das Insolvenzverfahren eingestellt werden kann.

Praxis-Tipp:

Wie aus den Beispielen ersichtlich, kann ein Verstoß zur Aufhebung des Insolvenzverfahrens führen. Das hat zur Folge, dass eine Restschuldbefreiung nicht erfolgen kann und die Schulden wieder in ihrer bisherigen Höhe valutieren. Grundsätzlich sollte man somit alles – auch wenn es unwichtig erscheint – dem Treuhänder oder Schuldnerberater melden, damit das Verfahren nicht aufgrund einer Verfehlung Ihrerseits scheitert.

Regelinsolvenzverfahren

siehe Insolvenzverfahren

Restschuldbefreiung

Die Restschuldbefreiung tritt grundsätzlich nach Ablauf der Wohlverhaltensphase ein. Wird eine Restschuldbefreiung im Verbraucherinsolvenzverfahren erteilt, wirkt sie gegen alle Gläubiger. Das gilt auch für die Gläubiger, die ihre Forderung im Insolvenzverfahren nicht angemeldet haben (§ 301 Abs. 2 Satz 2 InsO). Die Entscheidung über die Erteilung der Restschuldbefreiung trifft das Insolvenzgericht nach Anhörung der Insolvenzgläubiger, des Insolvenzverwalters oder des Treuhänders und des Schuldners.

Beispiel:

Forderung eines Gläubigers nach erfolgter Restschuldbefreiung

Der Unternehmer Hans Dumm hatte gegen den Schuldner Günter Schuldenfrei vor Beginn des Insolvenzverfahrens eine Forderung in Höhe von 10.000 EUR. Obwohl er von dem laufenden Insolvenzverfahren wusste, versäumte es Herr Dumm, seine Forderung beim Insolvenzgericht anzumelden und an dem Verfahren teilzunehmen. Das Insolvenzgericht stimmte nach Ablauf der Wohlverhaltensphase der Restschuldbefreiung zu. Nach Abschluss des Insolvenzverfahrens fällt Herrn Dumm sein Versäumnis auf. Da er auf seine Forderung nicht verzichten will, beantragt er gegen Günter Schuldenfrei ein Zwangsvollstreckungsverfahren.

Das Zwangsvollstreckungsverfahren wegen der Forderungen ist unzulässig, da Herr Schuldenfrei eine Restschuldbefreiung erfahren hat. Die Nichtbeteiligung des Unternehmers Dumm am Verfahren liegt in seinem eigenen Verschulden. Die Forderung ist kraft Gesetzes erloschen.

Rückschlagsperre

Der Begriff Rückschlagsperre bedeutet, dass im Zeitpunkt der Eröffnung des Verfahrens alle Sicherungen unwirksam sind, die ein Gläubiger innerhalb der letzten drei Monate vor dem Antrag auf Eröffnung eines Verbraucherinsolvenzverfahrens erlangt hat (§ 88 Abs. 2 InsO). Gleiches gilt für Zwangsvollstreckungen innerhalb dieses Zeitraums. Eine Anfechtung durch den Insolvenzverwalter oder durch die Gläubiger muss nicht erfolgen.

Beispiel:

Sicherungshypothek

Peter Neumann hat beim Finanzamt Berlin Steuerschulden. Da er diese nicht zurückführen kann, lässt das Finanzamt am 20.02.2021 in das Wohnungsgrundbuch des Herrn Neumann eine Zwangssicherungshypothek eintragen. Am 25.03. desselben Jahres reicht Herr Neumann beim Amtsgericht Berlin einen Antrag auf Eröffnung eines Insolvenzverfahrens ein. Aufgrund der Regelungen über die Rückschlagsperre sind alle Sicherungs- und Zwangsmaßnahmen innerhalb der letzten drei Monate vor dem Antrag auf Eröffnung des Verfahrens unwirksam. Das Finanzamt hat die Zwangssicherungshypothek erst einen Monat vor dem Antrag auf Eröffnung des Verfahrens in das Wohnungsgrundbuch eintragen lassen. Entsprechend ist diese Maßnahme unwirksam.

Treuhänder

Nach dem Abschluss des Insolvenzverfahrens wird der Insolvenzverwalter vom Treuhänder abgelöst. Der Treuhänder hat die abgetretenen Einkommen zu sammeln und zu bestimmten Terminen an die Gläubiger nach Maßgabe des Insolvenzgerichts zu verteilen. Die Rechtsstellung des Treuhänders ergibt sich aus § 292 InsO. Für seine Tätigkeit hat der Treuhänder einen Anspruch auf Vergütung. Gleiches gilt für seine Auslagen (§ 293 InsO).

Wohlverhaltensphase

Die Wohlverhaltensphase umschreibt den Zeitraum zwischen der Eröffnung des Insolvenzverfahrens bis zur Restschuldbefreiung. In der Wohlverhaltensphase sind Zwangsvollstreckungsmaßnahmen durch Gläubiger unzulässig (vgl. § 294 Abs. 1 InsO). Der Schuldner muss sein pfändbares Einkommen auf die Dauer von drei Jahren an den Treuhänder abtreten (§ 287 Abs. 2 InsO). Weiterhin muss der Schuldner seine Obliegenheiten nach § 295 InsO erfüllen.

Die Wohlverhaltensphase beinhaltet auch die Abtretungsfrist zwischen dem Ende des Insolvenzverfahrens und dem Erreichen des Endes der Verfahrenslaufzeit.

Beispiel:

Wohlverhaltensphase und Zwangsvollstreckung

Über die Schulden der Gerda Klose wurde am 01.02.2021 das Insolvenzverfahren eröffnet. Nach Feststellung des Vermögens und der Vereinbarung mit dem Treuhänder hat Frau Klose ab 01.05.2011 monatlich den pfändbaren Teil ihres Einkommens an den Treuhänder abzutreten. Im Juni 2021 pfändet das am Verfahren beteiligte Finanzamt das Girokonto von Frau Klose.

Die Pfändung des Girokontos ist unzulässig, da sich Frau Klose in der Wohlverhaltensphase befindet. Die entstandenen Kosten gehen zulasten des Finanzamts.

2.

Außergerichtlicher Einigungsversuch

Der Einstieg in das Verfahren

Das Verbraucherinsolvenzverfahren beginnt grundsätzlich mit einem vom Schuldner durchzuführenden Versuch, sich mit seinen Gläubigern ohne gerichtliche Beteiligung zu einigen. Man spricht hier vom außergerichtlichen Einigungsversuch. Dieser erste Schritt ins Verfahren ist zwingend notwendig und kann grundsätzlich nicht weggelassen werden.

Beispiel:

Fehlen des außergerichtlichen Einigungsversuchs

Frieda Klein ist zahlungsunfähig geworden. Da sie vom Verbraucherinsolvenzverfahren gehört hat, beantragt sie die Eröffnung des Verfahrens beim zuständigen Insolvenzgericht. Ein vorheriger Einigungsversuch wurde von ihr nicht unternommen.

Das Insolvenzgericht muss den Antrag zurückweisen, da die Eröffnungsvoraussetzung – außergerichtlicher Einigungsversuch – nicht vorliegt.

Von diesem Zwang des Versuchs, sich mit seinen Gläubigern ohne Beteiligung des Gerichts zu einigen, gibt es eine Einschränkung. Ein außergerichtlicher Einigungsversuch scheitert natürlich, wenn die Gläubiger nicht zustimmen. Der Gesetzgeber sieht aber auch dann ein Scheitern des Versuchs, wenn ein Gläubiger nach dem Beginn der Verhandlungen über eine Einigung die Zwangsvollstreckung in das Schuldnervermögen betreibt. In diesem Fall geht man unabhängig von der Zustimmung anderer Gläubiger davon aus, dass der Schuldner selbst keine Einigung mehr erzielen kann.

Das Herbeiführen des Scheiterns durch die Zwangsvollstreckungsmaßnahme eines Gläubigers ist aber nur gegeben, wenn dem Gläubiger ein konkreter Plan zur Schuldenbereinigung vorgelegt wurde. Die bloße Absichtserklärung reicht hierzu noch nicht aus. Somit können, solange der Plan noch nicht ausgearbeitet wird, aufgrund von Zwangsvollstreckungsmaßnahmen keine Rückschlüsse auf das Scheitern des späteren Plans gezogen werden. Ein Umgehen des außergerichtlichen Einigungsversuchs ist in dieser Phase nicht möglich.

Beispiel:

Pfändung nach Planvorlage

Helga Münster hat nach der Anforderung der Forderungsaufstellungen einen Plan zur Schuldenbereinigung erarbeitet. Diesen sendet sie im Oktober 2020 allen Gläubigern zu. Der Gläubiger Dr. Klein sieht es trotz des vorgelegten Plans nicht ein, auf seine Forderungen zu verzichten. Entsprechend lässt er seinen bereits erwirkten Titel vollstrecken. Im Januar 2021 geht dem Arbeitgeber von Frau Münster eine Lohnpfändung zu. Aufgrund der Zwangsvollstreckungsmaßnahme des Herrn Dr. Klein kann der außergerichtliche Einigungsversuch als gescheitert angesehen werden. Maßgebend für das Scheitern ist, dass die Zwangsvollstreckungsmaßnahme nach Beginn der Verhandlungen erfolgt ist.

Ist ein außergerichtlicher Schuldenbereinigungsplan aus den vorgenannten Gründen gescheitert, ist dies dem Gericht im Eröffnungsantrag darzustellen.

Die Insolvenzordnung nimmt keine besondere Stellung dazu, wie ein außergerichtlicher Einigungsversuch aussehen soll. So wird beispielsweise nicht benannt, welche Unterlagen bei einem solchen Versuch vorgelegt werden müssen. Allerdings dürfte aufgrund der Zielsetzung des außergerichtlichen Vergleichs klar sein, dass den Gläubigern so viele Unterlagen zur Verfügung gestellt werden sollten, wie notwendig sind, um eine überlegte Entscheidung zu treffen.

Leider gibt es immer wieder Pläne, die eine solche Voraussetzung nicht erfüllen. Ein Schuldenbereinigungsplan, reduziert auf eine DIN-A4-Seite, entspricht wohl kaum dem beabsichtigten Verfahren. Der Gesetzgeber verlangt auch in diesem Stadium einen ernsthaften Einigungsversuch. Kurz gesagt, dem Gläubiger muss zumindest die Gelegenheit eingeräumt werden, seine Entscheidung genau zu überdenken. Meines Erachtens sollten demnach bereits in einem außergerichtlichen Einigungsversuch die Unterlagen vorgelegt werden, die bei einem späteren Eröffnungsantrag ohnehin notwendig vorzulegen sind. Kommt das Gericht zu der Entscheidung, dass der versuchte außergerichtliche Einigungsversuch nicht ernsthaft war, kann es das gerichtliche Verfahren verweigern.

Um einen außergerichtlichen Vergleich durchführen zu können, sollte
2 man zunächst folgende Unterlagen erstellen bzw. beschaffen:

Unterlagen für einen außergerichtlichen Einigungsversuch

- ein Vermögensverzeichnis (Aufstellung der Forderungen an Dritte, des Einkommens und des Vermögens)
- ein Gläubigerverzeichnis und Aufstellung derer Forderungen
- eine Erklärung darüber, dass das Verzeichnis richtig und vollständig ist
- ein Schuldenbereinigungsplan (Tilgungsplan)

Sind die oben genannten Unterlagen erstellt, sind diese allen Gläubigern zur Verfügung zu stellen. Dabei ist ihnen gleichzeitig mitzuteilen, in welcher Höhe sie insgesamt auf ihre Forderungen verzichten sollen, das heißt, wie viel dem Schuldner durch den einzelnen Gläubiger erlassen werden soll.

Nehmen alle Gläubiger den Vergleich an, spart sich der Schuldner das weitere Verfahren und die Schulden fallen nach Erfüllung des Schuldenbereinigungsplans im Ganzen weg.

Das nachfolgende Ablaufschema stellt nochmals dar, in welcher Reihenfolge der außergerichtliche Einigungsversuch verlaufen soll.

Ablauf des außergerichtlichen Einigungsversuchs

1.	• Gläubigerverzeichnis erstellen (Name, Anschrift, Telefonnummer, ggf. E-Mail-Adresse)
2.	• Forderungsaufstellung anfordern (per Brief mit Fristsetzung für die Rücksendung; drei bis vier Wochen angemessen)
3.	• Forderungsaufstellung auswerten, inbesondere hinsichtlich Richtigkeit der Höhe und Verjährungen bei besonders alten Forderungen (verjährte Forderungen sind nicht mehr zu berücksichtigen.)
4.	• Forderungsverzeichnis erstellen (Trennung nach Hauptschulden, Vollstreckungskosten und Zinsen) • Vermögensverzeichnis erstellen (nur pfändbares Vermögen) • Schuldenbereinigungsplan erstellen (Was erhält jeder Gläubiger?)
5.	• Übersendung des Einigungsversuchs an die Gläubiger mit Antwortfrist (drei bis vier Wochen angemessen)

Ist professionelle Hilfe notwendig?

Während des außergerichtlichen Einigungsversuchs ist – von einigen Problemen abgesehen – keine professionelle Hilfe notwendig. Mithilfe dieses Fachratgebers ist es möglich, einen außergerichtlichen Vergleich erfolgreich zu unternehmen. Auch im Hinblick auf die teilweise langen Wartezeiten bei den Schuldnerberatungsstellen ist es günstig, den außergerichtlichen Einigungsversuch bereits durchgeführt zu haben, insbesondere dann, wenn dieser scheitert.

Ist der außergerichtliche Einigungsversuch allerdings gescheitert, wird professionelle Hilfe zwingend erforderlich. Der Gesetzgeber lässt dem Schuldner hier keine Wahl, da er als Antragsvoraussetzung für das gerichtliche Verfahren verlangt, dass eine Bescheinigung über den gescheiterten Einigungsversuch vorgelegt wird.

Forderungsaufstellung anfordern

Ein außergerichtlicher Einigungsversuch beginnt am sinnvollsten mit vorbereitenden Handlungen. Hierzu zählt zum einen das Feststellen der Gläubiger, zum anderen das Feststellen der Schuldenhöhe. Um zu einem Ergebnis zu kommen, schlage ich folgende Vorgehensweise vor:

1. Gläubigerliste aufstellen
2. Anschriften besorgen
3. Forderungsaufstellungen anfordern

Zunächst sollten die eigenen Unterlagen nach Gläubigern durchsucht und in einer Liste aufgenommen werden. Diese Liste dient anschließend als Merkzettel bis zur Erstellung des späteren Gläubigerverzeichnisses. Weiterhin soll sie bei den weiteren Tätigkeiten unterstützen. Schließlich möchte man keinen der Gläubiger vergessen. Sind die eigenen Unterlagen durchforstet, sollte man nochmals überlegen, ob weitere Gläubiger vorhanden sind. Meist vergisst man die Gläubiger, die sich schon lange nicht mehr gemeldet haben. Darunter fallen insbesondere die Gläubiger aus der öffentlichen Verwaltung. Hier gelten Verjährungsfristen bis zu fünf Jahren. Da kann man schon mal etwas vergessen. Weitere Hilfe bietet auch die SCHUFA-Auskunft, da hier auch Forderungen von Gläubigern verzeichnet sind.

> ***Praxis-Tipp:***
>
> *Damit man keinen älteren Gläubiger vergisst, sollte man beispielsweise eine SCHUFA-Auskunft über sich einholen. In der Regel sind dort viele Gläubiger aufgeführt. Eine solche Auskunft sollte unbedingt dann eingeholt werden, wenn man den Wohnsitz gewechselt hat, da in solchen Fällen alte Gläubiger gerne in Vergessenheit geraten.*

Wird ein Gläubiger mit seinen Forderungen später nicht berücksichtigt, weil man an ihn nicht gedacht hat, nehmen dessen Forderungen nicht am Verfahren teil. Demzufolge wirkt die Restschuldbefreiung gegenüber diesem Gläubiger nicht.

Sind die Gläubiger festgestellt, geht es nun daran, die Forderungshöhe der einzelnen Gläubiger zu ermitteln. Nur wenn die einzelnen

Forderungshöhen bekannt sind, kann später ein aussagekräftiger und richtiger Schuldenbereinigungsplan erstellt werden.

Jegliche Schätzungen sind ungenau und sollten besser unterlassen werden. Außerdem kann man durch die Anforderungen der Forderungsaufstellung sichergehen, dass man alle Forderungen des angeschriebenen Gläubigers berücksichtigt hat. Man verschiebt somit die Verantwortung für die Richtigkeit der Angaben in Bezug auf die Forderungshöhe auf den jeweiligen Gläubiger. Hat ein Gläubiger beispielsweise eine seiner Forderungen vergessen oder stimmt die von ihm angegebene Forderungssumme nicht, kann dies nicht dem Schuldner zur Last gelegt werden. Für den Verlauf des Verfahrens ist dies ein nicht unwesentlicher Sachverhalt.

Die Forderungsaufstellung ist schriftlich anzufordern (siehe Musterbrief Seite 142). Die Gläubiger müssen die Forderungsaufstellung auf eigene Kosten erstellen. Das heißt, dass dem Schuldner hier keine Kosten in Rechnung gestellt werden dürfen (§ 305 Abs. 2 Satz 1 InsO). Der Schuldner hat in seinem Anforderungsschreiben allerdings darauf hinzuweisen, dass er in naher Zukunft beabsichtigt, einen Antrag auf Eröffnung eines Insolvenzverfahrens (Verbraucherinsolvenzverfahrens) zu stellen.

Weiterhin sollen die Gläubiger im Anschreiben gebeten werden, die Forderungen getrennt nach Hauptschulden, Zinsen und Kosten anzugeben. Bereits bei der Anforderung der Forderungsaufstellung bietet es sich an, gleichzeitig um Mitteilung zu bitten, für welche der Forderungen bereits ein Vollstreckungstitel (tituliert) vorliegt und ob noch laufende Abtretungen bestehen.

Prüfungsschema: Anforderung einer Forderungsaufstellung	
Hinweis über die Absicht, in Kürze ein Verbraucherinsolvenzverfahren durchzuführen	☐
Anforderung der Forderungshöhe getrennt nach Hauptschulden, Zinsen und Kosten	☐
Bitte um Mitteilung, welche Forderungen tituliert sind	☐
Bitte um Mitteilung, ob Abtretungen erfolgt sind	☐

Prüfungsschema: Anforderung einer Forderungsaufstellung	
Bitte um Mitteilung, ob die Forderung zwischenzeitlich an Dritte verkauft worden ist (Inkassounternehmen)	☐
Antwortfrist	☐

Die Anforderungsschreiben können grundsätzlich mit einfachem Brief versandt werden. Antwortet einer der Gläubiger nicht innerhalb der Frist, kann das Anschreiben als Einschreibebrief mit Rückschein nochmals zugestellt werden. In diesem Fall hat man später den Nachweis darüber, dass der nicht antwortende Gläubiger angeschrieben wurde. Letztendlich kann die Nichtbeantwortung des Schreibens auch als Weigerung gedeutet werden, den Einigungsversuch zu befürworten (siehe Mustervermerk Seite 152).

Liegen die Forderungsaufstellungen der Gläubiger vor, kann damit begonnen werden, diese zunächst in eine Liste einzutragen. Im Zusammenhang mit der Erstellung kann auch gleichzeitig die Forderungsquote der einzelnen Gläubiger an der Gesamtverschuldung ermittelt werden. Üblicherweise ist die Forderungsquote bis zwei Stellen hinter dem Komma zu berechnen.

Beispiel: Aufstellung der Ergebnisse der Forderungsauflistung

Der Schuldner Gustav Jung hat im Rahmen des Insolvenzverfahrens alle seine Gläubiger um eine Forderungsaufstellung gebeten. Entsprechend der Mitteilungen der Gläubiger erstellt er folgende Liste:

Gläubiger	Forderungsgrund	Betrag in EUR	tituliert	Pfändung/ Abtretung	Quote in %
Finanzamt Essen	Einkommensteuer	7.000	ja	Lohnpfändung	15,86
Finanzamt Essen	Zinzen zur Steuer	100			
Finanzamt Essen	Säumniszuschläge	400			

Gläubiger	Forderungs-grund	Betrag in EUR	tituliert	Pfändung/ Abtretung	Quote in %
Bauer Bank AK	Kreditvertrag vom 22.10.2019, zzgl. 7 % Zinsen	22.500	ja	nein	47,59
Müller Bank AG	Dispo-Kredit, Stand heute, zzgl. 9 % Zinsen	5.000	nein	nein	10,58
Klaus Klein	Darlehensvertrag vom 13.05.2020, zzgl. 4 % Zinsen	10.125	nein	nein	21,42
Dr. Jung	Zahnarztrechnung	2.150	ja	nein	4,55
Gesamtforderung		**47.275**			**100**

Gläubiger- und Forderungsverzeichnis erstellen

Hat der Schuldner die Forderungsliste erstellt, muss er das eigentliche Gläubigerverzeichnis fertigen. Auch hier ist es wichtig, dass das Gläubigerverzeichnis alle Gläubiger sowie eine Aufstellung der Verbindlichkeiten enthält. Alle im Gläubigerverzeichnis aufgeführten Gläubiger müssen über den Einigungsversuch vom Schuldner in Kenntnis gesetzt werden. Wird auch nur ein Gläubiger vergessen, kann dies zum Scheitern des Verfahrens führen. Die Pflicht zur Unterrichtung der Gläubiger gilt auch dann, wenn er bereits weiß, dass ein bestimmter Gläubiger sich dem Einigungsversuch nicht anschließen wird.

Die Gestaltung des Forderungs- und Gläubigerverzeichnisses ist grundsätzlich an keine besonderen Regelungen gebunden. Die Verzeichnisse sollten allerdings übersichtlich sein. Es steht jedem frei, ob er jeweils ein Gläubiger- sowie Forderungsverzeichnis erstellt oder alle Angaben zu einem gesamten Gläubiger- und Forderungsverzeichnis zusammenfügt. Letzteres dürfte etwas übersichtlicher sein und spart ein wenig Papier. Das Gesamtverzeichnis über die Gläubiger und Forderungen sollte grundsätzlich folgende Angaben enthalten:

- Namen der Gläubiger
- Höhe der Forderungen
- Summe aller gemeldeten Forderungen
- Hinweis über die Titulierung der Forderungen
- Hinweis zu laufenden Abtretungen
- Anteil der Einzelnen an der Gesamtforderung

Die Mitteilung von Anschriften der Gläubiger oder der Grund der Forderung ist nicht notwendig. Für die Gläubiger sollte nur erkennbar sein, inwieweit und in welcher Höhe andere Gläubiger am Verfahren beteiligt sind.

Im Zusammenhang mit der Aufstellung des Gläubiger- und Forderungsverzeichnisses sollten die übersandten Forderungsaufstellungen auf ihre Richtigkeit überprüft werden. Besteht eine Forderung zu Unrecht, muss diese später nicht berücksichtigt werden.

Die übersandte Forderungsaufstellung sollte anhand folgender Fragen überprüft werden:

- Ist man tatsächlich Schuldner der Forderung?
- Stimmt die Höhe der von den jeweiligen Gläubigern gemeldeten Forderungen?
- Ist die Forderung zwischenzeitlich verjährt?

Sind alle diese Fragen geklärt, kann das Gläubiger- und Forderungsverzeichnis fertiggestellt werden. Abschließend ist zu empfehlen, die Richtigkeit des Verzeichnisses zu bestätigen. Dies kann durch folgenden Zusatz unter dem Verzeichnis erfolgen:

Das Gläubiger- und Forderungsverzeichnis ist richtig und vollständig.

Verjährung von Forderungen

Liegen die Forderungsaufstellungen der einzelnen Gläubiger vor, sind diese auf verjährte Forderungen zu überprüfen. Ist eine Forderung bereits durch Zeitablauf verjährt, muss der Schuldner diese nicht mehr im Verfahren berücksichtigen. Das gilt auch, wenn ein Gläubiger viele Einzelforderungen gegen ihn geltend gemacht hat.

Wann eine Forderung verjährt ist, bestimmen die Regelungen des Bürgerlichen Gesetzbuches (BGB). Die regelmäßige Verjährungsfrist beträgt drei Jahre (§ 195 BGB). Erst nach Ablauf von 30 Jahren (§ 197 BGB) gelten folgende Ansprüche als verjährt:

- Herausgabeansprüche aus Eigentum und anderen dinglichen Rechten
- Rechtskräftig festgestellte Ansprüche
- Ansprüche aus vollstreckbaren Vergleichen
- Ansprüche aus vollstreckbaren Urkunden
- Ansprüche, die durch die im Insolvenzverfahren erfolgte Feststellung vollstreckbar geworden sind

Handelt es sich bei den oben aufgeführten Ansprüchen, mit Ausnahme der Herausgabeansprüche, um regelmäßig wiederkehrende Leistungen oder Unterhaltsleistungen, beträgt die Verjährungsfrist drei Jahre.

Neben den beiden genannten gibt es weitere Verjährungsfristen. Hierbei handelt es sich insbesondere um folgende Sachverhalte und Verjährungsfristen:

- Rechte an Grundstücken verjähren nach zehn Jahren.
- Mängelansprüche im Zusammenhang mit dem Kauf von Bauwerken oder Werkverträgen verjähren nach fünf Jahren.
- Mängelansprüche bei beweglichen Sachen (§ 438 BGB), bei Werkleistungen, die auf Herstellung, Wartung oder Veränderung einer Sache gerichtet sind, verjähren nach zwei Jahren.
- Steuerschulden verjähren nach fünf Jahren (§ 228 AO).

Liegt die Forderung eines Gläubigers vor, die der regelmäßigen dreijährigen Verjährungsfrist unterliegt, ist zu prüfen, ob die Verjährung tatsächlich eingetreten ist. Die Verjährungsfrist für solche Forderungen beginnt mit dem Ende des Jahres, in dem

- der Anspruch entstanden ist und
- der Gläubiger von den den Anspruch begründenden Umständen und der Person des Schuldners Kenntnis erlangt oder ohne grobe Fahrlässigkeit erlangen müsste.

Beispiel:

Beginn und Ablauf der Verjährungsfrist

Peter Müller hat im Februar 2017 bei dem Versandhaus Knolle eine
2 Stereoanlage gekauft. Die beiliegende Rechnung in Höhe von 2.200 EUR glich er allerdings bis heute nicht aus. Aufgrund eines Fehlers des Computers fiel dieser Sachverhalt dem Versandhaus vorerst nicht auf. Demzufolge wurde der offene Rechnungsbetrag bisher nicht angefordert. Im Sommer 2021 bemerkt der Buchhalter der Firma Knolle den Fehler und fordert Müller zur Zahlung auf.

Peter Müller muss der Zahlungsaufforderung nicht Folge leisten, da die Forderung verjährt ist. Bei dem Kauf der Stereoanlage handelt es sich um einen Kaufvertrag über eine Ware, damit verjährt die Forderung nach drei Jahren. Die Verjährungsfrist begann mit Ende des Jahres 2017 (31.12.2017) und endete am 31.12.2020.

Die Verjährungsfristen, die nicht der regelmäßigen Verjährungsfrist unterliegen, beginnen in aller Regel mit der Entstehung des Anspruchs. Hierunter fallen insbesondere die Herausgabeansprüche aus Eigentum oder anderen dinglichen Rechten. Die Verjährungsfristen für rechtskräftig festgestellte Ansprüche, vollstreckbare Vergleiche, vollstreckbare Urkunden und im Insolvenzverfahren festgestellte Ansprüche beginnen mit der Rechtskraft der Entscheidung, der Errichtung des vollstreckbaren Titels oder der Feststellung im Insolvenzverfahren. Voraussetzung ist allerdings, dass der Anspruch auch entstanden ist.

Schadensersatzforderungen, die nicht auf einer Verletzung des Lebens, des Körpers, der Gesundheit oder der Freiheit beruhen, verjähren nach zehn Jahren. Liegt eine der vorgenannten Verletzungen vor, beträgt die Verjährungsfrist 30 Jahre. Maßgebend für den Beginn der Frist ist die Begehung der Handlung, der Pflichtverletzung oder des sonstigen, den Schaden auslösenden Ereignisses.

Sollte man jetzt aber meinen, dass man nur drei Jahre nicht zahlen muss, um die Forderungen verjähren zu lassen, irrt man leider. Ganz so einfach ist es nicht. Der Gesetzgeber hat zum Schutz der Gläubiger einige Verjährungshemmungen ins BGB aufgenommen.

Für die folgenden Sachverhalte ist eine Verjährungshemmung, Ablaufhemmung oder ein Neubeginn der Verjährung vorgesehen:

- bei Verhandlungen zwischen dem Schuldner und dem Gläubiger
- durch Rechtsverfolgung
- durch Leistungsverweigerungsrecht
- durch höhere Gewalt
- aus familiären und ähnlichen Gründen

Die Verjährungshemmung wirkt in der Art, dass die Verjährungshemmung nicht in die Verjährungsfrist eingerechnet wird.

Verhandeln Gläubiger und Schuldner über den Anspruch oder die Umstände, die zur Begründung des Anspruchs geführt haben, tritt die Verjährung frühestens drei Monate nach dem Ende der Hemmung ein. Maßgeblich für das Ende der Hemmung ist der Zeitpunkt, an dem die Verhandlungen als gescheitert erklärt werden.

Beispiel:

Wirkung der Verjährungshemmung

Beispiel wie zuvor, jedoch ruft die Firma Knolle noch im Dezember 2020 bei Herrn Müller an und macht ihm ein Zahlungsangebot. Im Januar 2021 schlägt Herr Müller das Angebot aus. Ein Mahnbescheid wird nicht beantragt.

Aufgrund der Verhandlungsaufnahme ist eine Verjährungshemmung mit der Folge eingetreten, dass die Verjährungsfrist nicht am 31.12.2020 endet. Die Hemmung der Verjährung gilt für den Verhandlungszeitraum. Da die Verhandlungen im Januar 2021 als gescheitert erklärt werden, tritt die Verjährung zum Ende des Monats April 2021 ein.

Geht ein Gläubiger gerichtlich gegen den Schuldner vor, spricht man in der Regel von Rechtsverfolgung. In solchen Fällen endet die Verjährungshemmung grundsätzlich sechs Monate nach der rechtskräftigen Entscheidung. Gleiches gilt bei anderweitiger Beendigung des Verfahrens. Als Rechtsverfolgung werden beispielsweise folgende Punkte angesehen:

- Erhebung der Klage auf Leistung oder auf Feststellung des Anspruchs

- Erhebung der Klage auf Erteilung der Vollstreckungsklausel oder auf Erlass des Vollstreckungsurteils
- Zustellung des Antrags im vereinfachten Verfahren über den Un-
2 terhalt Minderjähriger
- Zustellung des Mahnbescheids im Mahnverfahren
- Geltendmachung der Aufrechnung des Anspruchs im Prozess
- Anmeldung des Anspruchs im Insolvenzverfahren

> ***Praxis-Tipp:***
>
> *Kommt eine der genannten Verjährungsfristen in Betracht, sollte man dies dem Gläubiger anzeigen. Bei rechtlichen Problemen oder Weigerung der Anerkennung lohnt sich ein Rechtsbeistand. Wird man durch einen Dritten vertreten, sollte man diesen auf die Verjährung hinweisen (siehe Seite 143).*

Kann ein Schuldner aufgrund der Vereinbarung vorübergehend die Leistung verweigern (Leistungsverweigerungsrecht), ist auch die Verjährung während des Zeitraums gehemmt.

War ein Gläubiger innerhalb der letzten sechs Monate der Verjährungsfrist durch höhere Gewalt an der Rechtsverfolgung gehindert, bleibt auch in diesem Fall die Verjährung gehemmt.

Auch innerhalb der Familie sind Verjährungshemmungen vorgesehen. Haben Ehegatten untereinander Ansprüche, ist die Verjährung so lange gehemmt, wie die Ehe besteht. Gleiches gilt beispielsweise im Verhältnis zwischen Lebenspartnern. Zwischen Eltern und Kindern endet die Verjährungshemmung, wenn das Kind das 21. Lebensjahr vollendet hat.

Neben den Verjährungshemmungen stehen die Ablaufhemmungen. Hier zielt die Verjährungsfrist auf ein bestimmtes Ereignis ab. Der Gesetzgeber hat hier Nachlassfälle und Sachverhalte mit nicht voll geschäftsfähigen Personen geregelt.

Hat eine geschäftsunfähige oder beschränkt geschäftsfähige Person ohne gesetzlichen Vertreter Schulden, tritt eine Verjährung grundsätzlich erst sechs Monate nach dem Zeitpunkt ein, ab dem die Person unbeschränkt geschäftsfähig oder der Vertretungsmangel behoben worden ist. Dies gilt allerdings nicht, wenn eine in der Geschäftsfähigkeit beschränkte Person prozessfähig ist.

Die Verjährung beginnt erneut, wenn

- der Schuldner dem Gläubiger gegenüber den Anspruch durch Abschlagszahlung, Zinszahlungen, Sicherheitsleistungen oder in anderer Weise anerkennt oder
- eine gerichtliche oder behördliche Vollstreckungshandlung vorgenommen oder beantragt wird.

Wird allerdings keine Vollstreckungshandlung vorgenommen, beginnt die Verjährung nicht erneut. Gleiches gilt, wenn eine Vollstreckungshandlung auf Antrag des Gläubigers oder mangels gesetzlicher Voraussetzungen aufgehoben wird. Einfacher könnte man sagen, dass die Verjährungsfrist aufgrund einer Vollstreckungshandlung nur dann erneut beginnt, wenn die Vollstreckungshandlung tatsächlich durchgeführt wird und bestehen bleibt.

> ***Praxis-Tipp:***
>
> *Prüfen Sie die Verjährung genau! Fragen Sie nach, wenn nicht klar ist, ob eine Verjährung eingetreten ist. Haben Sie auf eine verjährte Forderung Zahlungen geleistet, können diese nicht zurückgefordert werden. Dies gilt auch, wenn die Zahlung aus Unkenntnis der Verjährung geleistet worden ist.*

Vermögensverzeichnis aufstellen

Bei dem aufzustellenden Vermögensverzeichnis handelt es sich um eine Auflistung aller Forderungen an Dritte, Vermögenswerte und Einkommensverhältnisse. Sinn und Zweck des Verzeichnisses ist es, dem Gläubiger aufzuzeigen, dass der Schuldner tatsächlich nicht mehr über ein Vermögen und Einkommen verfügt, das ausreichen würde, die Schulden sinnvoll zu tilgen. Anhand des vorgelegten Vermögensverzeichnisses soll es den Gläubigern somit möglich sein, sich ein Bild über das Vermögen des Schuldners machen zu können.

Das Vermögensverzeichnis kann folgende Punkte enthalten:

Vermögensverzeichnis	
Persönliche Daten	☐
Vermögensgegenstände von Wert (z. B. Immobilien, Wertpapiere, Sparvermögen, Kraftfahrzeuge)	☐
Aufstellung der Einnahmen (Arbeitslohn etc.)	☐
Sonstige Einnahmen (Wohngeld, Unterhaltsansprüche etc.)	☐
Versicherungen (z. B. Lebensversicherungen)	☐

Wichtig: Für die Erstellung des Vermögensverzeichnisses gilt, dass es komplett erstellt sein muss und keine Vermögensgegenstände, Einnahmen oder Forderungen an Dritte verschwiegen werden. Ein einfaches und unbeabsichtigtes Verschweigen (Vergessen) von Vermögensbestandteilen kann zum Scheitern des Vergleichsversuchs führen.

Praxis-Tipp:

Für das Vermögensverzeichnis reicht es auch, nur die persönlichen Daten und vorhandenen Vermögenswerte aufzuführen und abschließend zu versichern, dass Sie über kein weiteres Vermögen verfügen.

Musterformulierungen
Bei den oben aufgeführten Vermögenswerten handelt es sich um das einzige Vermögen. Weitere Vermögenswerte sind nicht vorhanden. **oder:** Hiermit versichere ich, dass ich über kein weiteres Vermögen verfüge.

Im Zusammenhang mit der Erstellung des Vermögensverzeichnisses stellt sich immer die Frage, ob auch die Anschriften von Forderungsinhabern (z. B. Arbeitgeber, Versicherungsunternehmen) genannt werden müssen. Hintergrund ist, dass Gläubiger die im Vermögensverzeichnis offenbarten Anschriften zu neuen Forderungspfändungen nutzen könnten. Meines Erachtens kann eine Offenbarung der Anschriften in dieser Phase des Verfahrens unterbleiben. Letztendlich sollen sich die Gläubiger nur ein plausibles Bild über die Vermögenslage machen. Hierzu sind die Anschriften der Forderungsinhaber nicht zwingend notwendig. Beschränken Sie die Angaben daher auf die Höhe ihrer einzelnen Forderungen.

> ***Praxis-Tipp:***
>
> *Verzichten Sie im Vermögensverzeichnis auf die Mitteilung von Anschriften Ihrer Gläubiger zum Schutz vor erstmaligen oder weiteren Pfändungen während des außergerichtlichen Einigungsversuchs.*

Schuldenbereinigungsplan überlegen

Nachdem das Vermögens- und das Gläubigerverzeichnis fertig gestellt sind, wird nun ein Schuldenbereinigungsplan aufgestellt. Hier ist darzustellen, wie die Schulden rückgeführt werden und auf welche Beträge die Gläubiger verzichten sollen. Der Schuldenbereinigungsplan besteht aus zwei Einzelplänen. Zum einen aus dem Verteilungsplan, zum anderen aus dem Zahlungsplan (vgl. nachfolgende Abbildung).

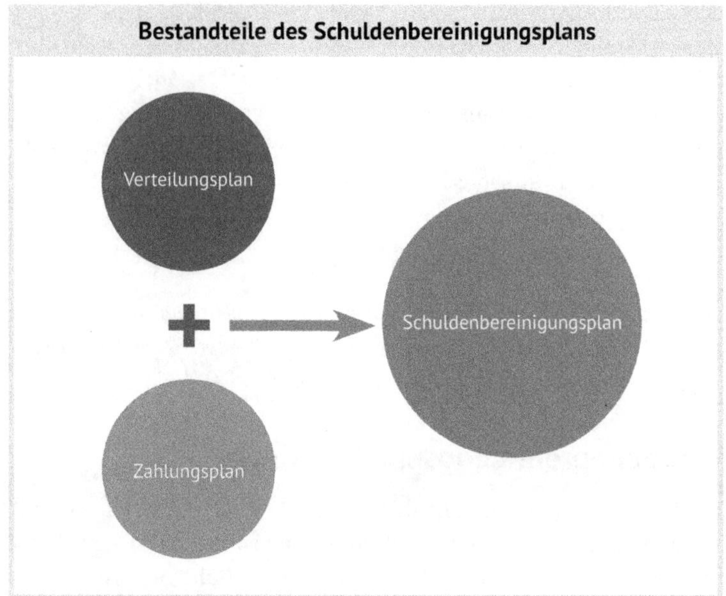

Bestandteile des Schuldenbereinigungsplans

Der Verteilungsplan

Im Verteilungsplan wird festgelegt, wie das zur Verfügung stehende Einkommen monatlich auf die Gläubiger zu verteilen ist. Im Gegensatz zum Gläubigerverzeichnis werden hier nur die bereinigten Schulden (z. B. nicht die verjährten Forderungen) aufgenommen. Der Verteilungsplan soll dem Gläubiger zeigen, dass er im Verhältnis zu den anderen Gläubigern nicht benachteiligt wird. Auch wenn es sich hierbei „nur“ um den Schuldenbereinigungsplan im außergerichtlichen Einigungsversuch handelt, sollte der folgende Merksatz bereits jetzt beachtet werden: *Kein Gläubiger darf im Verteilungsplan bessergestellt oder benachteiligt werden.*

Stellt ein Gläubiger fest, dass er im aufgestellten Plan benachteiligt wird, ist nicht zu erwarten, dass dieser Gläubiger letztendlich zustimmen wird.

Achtung: Im Verteilungsplan werden folgende Verbindlichkeiten nicht berücksichtigt:

- Verbindlichkeiten aus einer vorsätzlich begangenen unerlaubten Handlung
- Verbindlichkeiten aus rückständigen Unterhaltsleistungen, wenn diese vorsätzlich und pflichtwidrig nicht gezahlt wurden
- Steuerschulden, wenn diese im Zusammenhang mit einer Steuerstraftat und einer rechtskräftigen Verurteilung entstanden
- Geldstrafen und die diesen in § 39 Abs. 1 Nr. 3 InsO gleichgestellten Verbindlichkeiten (z. B. Ordnungsgelder, Geldbußen, Zwangsgelder oder finanzielle Nebenfolgen einer Straftat)

Für die vorgenannten Verbindlichkeiten tritt auch bei der erfolgreichen Durchführung des Insolvenzverfahrens keine Restschuldbefreiung ein (§ 302 InsO). Im Ergebnis bedeutet dies, dass diese Schulden zu 100 Prozent zu befriedigen sind.

Sind solche Verbindlichkeiten vorhanden, sollten Sie beim Gläubiger um einen Zahlungsaufschub bis zur Beendigung des Insolvenzverfahrens bitten, da nach der Restschuldbefreiung wieder Mittel zum Ausgleich vorhanden sein könnten.

Der Verteilungsplan sollte folgende Angaben enthalten:

- Liste der Gläubiger mit ihren Forderungen
- Verteilungsquote nach Forderungsanteilen an der Gesamtforderung

Beispiel:

Verteilungsplan ohne Abtretung

Hans Pech hat im Zeitpunkt der Erstellung des Verteilungsplans folgende Verbindlichkeiten:

Müller Bank AG	7.500 EUR
Darlehen Gerda Klein	5.000 EUR
Dr. Münster	2.500 EUR
Möbelhaus Ikleba	4.500 EUR
Gesamtverbindlichkeiten	**19.500 EUR**

Gemäß seiner Verbindlichkeiten ist der Verteilungsplan wie folgt zu erstellen:

Verteilungsplan

Gläubiger	Schuldbetrag	Insolvenzquote
Müller Bank AG	7.500 EUR	38,46 %
Darlehen Gerda Klein	5.000 EUR	25,64 %
Dr. Münster	2.500 EUR	12,82 %
Möbelhaus Ikleba	4.500 EUR	23,08 %

Zahlungsplan

Nachdem der Verteilungsplan erstellt worden ist, geht es ans Kernstück der Unterlagen: den Zahlungsplan. Dieser Plan soll aufzeigen, welche Beträge die einzelnen Gläubiger aus dem pfändbaren Einkommen bzw. Vermögen erhalten und auf welche Beträge (Summe) sie verzichten sollen. Gleichzeitig wird jedem der Gläubiger erläutert, wie die Beträge an ihn gezahlt werden sollen (Raten oder einmalige Zahlung). Letzteres ist in einem Anschreiben vorzunehmen (siehe Musterbrief Seite 145).

Praxis-Tipp:

Verteilungsplan und Zahlungsplan können auch innerhalb einer Tabelle zusammengeführt werden. Es ist nicht zwingend notwendig, dass Sie hier zwei Tabellen erstellen. Im Sinne der Übersichtlichkeit sollten Sie aber diese Form wählen. Der Zahlungsvorschlag an sich ist schriftlich zu formulieren. Übrigens brauchen Sie nicht jedem Gläubiger mitzuteilen, über welchen Zahlungsmodus Sie sich mit den anderen Gläubigern geeinigt haben.

Bevor der Zahlungsplan erstellt werden kann, ist zunächst festzustellen, wie viel Einkommen bzw. Vermögen überhaupt verteilt werden kann. Als selbstverständlich hat zu gelten, dass alle Vermögenswerte, soweit pfändbar, veräußert werden müssen. Das Insolvenzrecht dient diesbezüglich nur dem finanziellen Neuanfang ohne Schulden, nicht aber der Sicherung vorhandenen Vermögens. Allerdings kann man in den meisten Fällen davon ausgehen, dass kaum noch Vermögenswerte vorhanden sind.

> ***Praxis-Tipp:***
>
> *Sollten Sie als Schuldner über Vermögenswerte verfügen, vermeiden Sie grundsätzlich selbstständige Veräußerungen, ohne sich an eine beratende Stelle zu wenden. Dies gilt insbesondere, wenn es sich um schwierige Vermögensangelegenheiten handelt.*

Am häufigsten kommt es zur Verteilung der Löhne und Gehälter der Schuldner. Hierbei stellt sich nun die Frage, wie der Verteilungsbetrag zu bemessen ist. Grundsätzlich ist nur der sogenannte pfändbare Betrag des Einkommens zu verteilen. Der Gesetzgeber hat hierzu entsprechende amtliche Pfändungstabellen entwickelt (siehe Seite 153). Diese Tabellen sollen die unterschiedlichen Lebensverhältnisse der Schuldner berücksichtigen und den entsprechenden pfändbaren und unpfändbaren Teil des Einkommens aufzeigen. Hier wird unterschieden zwischen Ledigen und Verheirateten sowie zwischen Schuldnern mit und ohne unterhaltsberechtigten Kindern. Grundsätzlich ist der arbeitende Ehegatte gegenüber dem anderen Ehegatten immer unterhaltspflichtig. Arbeiten beide Ehegatten, bleiben beide Ehegatten weiterhin untereinander zum Unterhalt verpflichtet. Allerdings gilt dies nicht uneingeschränkt. Bezieht eine gegenüber dem Schuldner unterhaltsberechtigte Person ein eigenes Einkommen, muss diese Person bei der Ermittlung des pfändbaren Betrages nur teilweise oder gar nicht berücksichtigt werden (§ 850c Abs. 4 ZPO). In einem förmlichen Verfahren würde dieser Umstand auf Antrag des Gläubigers beim Vollstreckungsgericht oder im Insolvenzverfahren beim Insolvenzgericht berücksichtigt werden. Da aber ein außergerichtlicher Einigungsversuch bereits zum Ziel – Einigung und Restschuldbefreiung – führen soll, kann und sollte man diesen Umstand bereits hier berücksichtigen.

Die Entscheidung, ob oder mit welchem Betrag das Einkommen des Unterhaltsberechtigten unberücksichtigt bleibt, ist in der Regel eine Ermessensentscheidung: Es sind keine festen Beträge vorgegeben, so dass die Entscheidung sich an den Gegebenheiten des Einzelfalls orientieren muss. Man kann sich als Anhaltspunkt im außergerichtlichen Einigungsversuch an drei Sätzen orientieren:

- Ist das Einkommen des Unterhaltsberechtigten hinsichtlich der Höhe allein geeignet, den Unterhalt dieser Person zu bestreiten, ist diese Person bei der Berechnung des Einkommens nicht zu berücksichtigen.
- Reicht das Einkommen des Unterhaltsberechtigten allein nicht aus, den Unterhalt zu bestreiten, ergibt sich jedoch allein betrachtet ein pfändbarer Betrag, kann dieser Teil des Einkommens mit dem Einkommen des Schuldners zusammengerechnet werden und bei der Berechnung des pfändbaren Teils des Einkommens Berücksichtigung finden.
- Sind die Einkommen des Unterhaltsberechtigten nur unwesentlich (z. B. eine geringfügige Beschäftigung), ist diese Person bei der Berechnung des pfändbaren Einkommens voll zu berücksichtigen.

Neben dem Ehepartner sind bzw. können noch folgende Personen unterhaltsberechtigt sein:

- der frühere Ehegatte
- ein Verwandter
- die Mutter eines Kindes nach § 1615l und § 1615n BGB
- der Lebenspartner oder frühere Lebenspartner

Neben der Pfändungstabelle hat der Gesetzgeber für bestimmte einzelne Einkommensbestandteile zusätzlich Unpfändbarkeitsregelungen vorgesehen. Dabei gelten folgende Beträge regelmäßig als nur zum Teil oder nicht pfändbar:

- Nur in besonderen Ausnahmefällen sind das Kindergeld und das Wohngeld pfändbar.
- Unpfändbar sind das Arbeitslosengeld II, die Grundrente (nach dem Bundesversorgungs- oder Opferentschädigungsgesetz) und Leistungen aus der Pflegeversicherung.
- Das Mutterschaftsgeld ist unpfändbar (§ 54 Abs. 3 Nr. 2 SGB I).
- Das Elterngeld bis zur Höhe der anrechnungsfreien Beträge ist unpfändbar (§ 10 BEEG).

- Das Weihnachtsgeld ist nur bis zur Hälfte des monatlichen Arbeitseinkommens, höchstens aber bis zu einem Betrag von 500 EUR pfändbar (§ 850a ZPO).
- Das Urlaubsgeld ist unpfändbar (§ 850a ZPO).
- Aufwandsentschädigungen, Spesen für auswärtige Beschäftigungen, Gefahren- und Schmutzzulage sind unpfändbar.
- 50 Prozent der Überstundenvergütungen sind unpfändbar.

Ist ein Betrag somit nach dem Gesetz unpfändbar, muss dieser auch nicht bei der Zahlungsverteilung berücksichtigt werden.

Beispiel:

Zahlungsplan (tabellarisch)

Im Haushalt des zahlungsunfähigen Herrn Meier leben mit ihm seine Ehefrau und ein unterhaltsberechtigtes Kind. Herr Meier ist Arbeitnehmer der Klotz GmbH und bezieht ein monatliches Nettogehalt von 2.210 EUR. Dazu kommt das monatliche Kindergeld von 219 EUR. Frau Meier hat kein eigenes Einkommen. Herr Meier hat bisher folgenden Verteilungsplan erstellt:

Verteilungsplan

Gläubiger	Laufzeit in Monaten	Schuldsumme	Forderungsquote
Rost Bank AG	36	10.125 EUR	33,89 %
Kredit Bank	36	6.500 EUR	21,76 %
Dr. Neumann	36	2.250 EUR	7,53 %
Darlehen	36	3.500 EUR	11,72 %
Finanzamt	36	7.500 EUR	25,10 %

Bei der Berechnung des pfändbaren Teils des Einkommens ist festzustellen, dass zwei unterhaltsberechtigte Personen (Ehefrau und Kind) zu berücksichtigen sind. Das Kindergeld ist nicht zu berücksichtigen. Gemäß der amtlichen Pfändungstabelle ergibt sich ein pfändbares und somit verteilbares Einkommen in Höhe von 136,29 EUR und entsprechend folgender Zahlungs- bzw. Vergleichsplan:

Gläubiger	(136 × Quote) × Laufzeit	Erfüllungsbetrag	Restschuld = Forderungsverzicht
Rost Bank AG	(136 × 33,89 %) × 36	1.659,25 EUR	8.465,75 EUR
Kredit Bank	(136 × 21,76 %) × 36	1.065,37 EUR	5.434,63 EUR
Dr. Neumann	(136 × 7,53 %) × 36	368,67 EUR	1.881,33 EUR
Darlehen	(136 × 11,72 %) × 36	573,81 EUR	2.926,19 EUR
Finanzamt	(136 × 25,10 %) × 36	1.228,90 EUR	6.271,10 EUR

Nachdem der tabellarische Zahlungsplan erstellt ist, geht es nun daran zu überlegen, wie die zu leistenden Beträge an die einzelnen Gläubiger gezahlt werden sollen. Zur Auswahl stehen hier in aller Regel zwei Möglichkeiten. Zum einen die Zahlung in einer Summe, zum anderen die Ratenzahlung. Die Zahlung in einer Summe dürfte allerdings nur dann zur Anwendung kommen, wenn entweder der Schuldbetrag sehr gering ist oder der Schuldner Vermögensgegenstände veräußert hat und somit kurzfristig über einen höheren Geldbetrag verfügt. Ist das nicht der Fall, dürfte meines Erachtens nur die Ratenzahlung in Betracht kommen.

Praxis-Tipp:

Über die Jahre der Zahlungsvereinbarungen ist es möglich, dass unvorhergesehene Dinge die vereinbarten Raten negativ oder auch positiv beeinflussen können. Damit solche Veränderungen nicht dazu führen, dass die Zahlungsvereinbarungen scheitern und somit keine Restschuldbefreiung eintritt, sollte eine entsprechende Anpassungsklausel im schriftlichen Zahlungsplan aufgenommen werden.

Die Anpassungsklausel sollte folgende Sachverhalte berücksichtigen:

- Erhöht sich die Kinderzahl, mindert sich grundsätzlich der pfändbare Teil des Einkommens.
- Tritt eine unverschuldete Arbeitslosigkeit ein, sollen die vereinbarten Raten ruhen, wenn der Schuldner seine Obliegenheiten (Bemühen um neue Anstellung) nachweislich erfüllt.
- Die festgelegten Raten sind nur zu ändern, wenn die Einkommensveränderung mindestens 10 Prozent vom bisherigen Nettolohn (Beginn der Insolvenzphase) beträgt (z. B. bei Lohnerhöhungen).

Ist der tabellarische Zahlungsplan fertig gestellt, muss nun jedem einzelnen Gläubiger mitgeteilt werden, wie die Schulden ausgeglichen werden sollen und auf welchen Teil tatsächlich verzichtet werden muss. Gemeint ist der eigentliche Vergleichsvorschlag. Der Vorschlag sollte mindestens folgende Punkte beinhalten:

- Tag der nachweislichen Zahlungsunfähigkeit
- Höhe des pfändbaren Vermögens
- Forderungsquote
- Verzichtsbetrag
- Art der Zahlung
- Anpassungsklausel

Wichtig dabei ist, dass man sich grundsätzlich an die im Verteilungs- und tabellarischen Zahlungsplan vorgeschlagenen Werte hält. Im schriftlichen Zahlungsplan darf es nicht zu einer abweichenden Berechnung oder zu abweichenden Angaben kommen.

> ***Praxis-Tipp:***
>
> *Die gesamten Unterlagen, die dem Gläubiger übersandt werden müssen, sollten immer per Einschreiben oder Einschreiben mit Rückschein versandt werden. Nur dann können Sie nachweisen, dass der Gläubiger diese auch erhalten hat.*

Um Missverständnisse zu vermeiden, sollte klar sein, dass ein außergerichtlicher Einigungsversuch auch bei nur einem Gläubiger durchgeführt werden muss. Beim Insolvenzverfahren kommt es nämlich nicht auf die Anzahl der Gläubiger an, sondern nur auf die Tatsache der Zahlungsunfähigkeit. Am eigentlichen Verfahren ändert sich somit nichts. Das heißt, dass auch in einem solchen Fall alle bisher genannten Unterlagen erstellt bzw. erbracht werden müssen.

2 Ist der Zahlungsplan erstellt, wird der Schuldner vielleicht feststellen, dass einige Forderungen aufgrund der nur geringen Forderungsquote betragsmäßig sofort ausgeglichen werden können. Sind ausreichende Mittel vorhanden, sollte man diesen sofortigen Ausgleich auch vornehmen. Dies hat den Vorteil, dass man bei der Planbefriedigung den Überblick behält, da in der Zahlungsphase nur noch die Gläubiger mit hohen Forderungen monatlich befriedigt werden müssen. Man sollte auch beachten, dass sich aufgrund der sofortigen Zahlung die Forderungsquoten nicht zugunsten der anderen Gläubiger verändern dürfen. Würde eine Veränderung durchgeführt, würde dies zu einer objektiven Benachteiligung der sofort ausgeglichenen Gläubiger führen. Entsprechend erhöht sich das dem Schuldner monatlich verbleibende Einkommen.

Beispiel:

Vorheriger Ausgleich kleiner Forderungen nach Forderungsquote

Der Insolvenzschuldner Peter Petersen hat gemäß des tabellarischen Zahlungsplans für seine Gläubiger folgende Forderungsquoten ermittelt:

Müller Bank	63 %
Finanzamt Bochum	27 %
Firma Groß	7 %
Firma Franken	3 %
	100 %

Der monatlich pfändbare Betrag beläuft sich derzeit auf 200 EUR. Aufgrund seiner Ermittlungen würde die Firma Groß insgesamt 215 EUR und die Firma Franken 180 EUR erhalten. Da diese Forderungen für eine Ratenzahlung zu gering sind, möchte Petersen diese Forderungen zu Beginn des Verfahrens sofort ausgleichen. Eine sofortige Zahlung würde sich wie folgt auswirken.

Gläubiger	Quote …	… von 200 EUR ohne vorherige Zahlung	… von 200 EUR nach Zahlung
Müller Bank	63 %	126 EUR	126 EUR
Finanzamt Bochum	27 %	54 EUR	54 EUR
Firma Groß	7 %	14 EUR	0 EUR
Firma Franken	3 %	6 EUR	0 EUR
monatliche Belastung		**200 EUR**	**180 EUR**

2

Gleicht Petersen die beiden geringen Forderungen sofort aus, vermindert sich die monatliche Belastung um 20 EUR.

Wird ein Sofortausgleich vorgenommen, ist der schriftliche Zahlungsplan zusätzlich mit einer Verzichtserklärung (siehe Seite 147) zu versehen, da diese Gläubiger in der Regel nicht mehr bis zum Ablauf des dreijährigen Zahlungszeitraums am Verfahren beteiligt sind. Die Verzichtserklärung muss neben den Punkten des schriftlichen Zahlungsplans zusätzlich folgende Punkte enthalten:

- Eigentliche Verzichtserklärung
- Sicherungsklausel für den Gläubiger
- Vereinbarung darüber, dass der Gläubiger eventuelle vollstreckbare Schuldtitel herausgibt, löschungsfähige Quittungen für das Schuldnerverzeichnis erstellt und einen Erledigungsvermerk an die SCHUFA sendet

Die Verzichtserklärung ist in zweifacher Ausfertigung dem Gläubiger zuzustellen, da dieser eine Ausfertigung unterschrieben an den Schuldner zurücksenden muss. Die Sicherungsklausel dient als Schutz für den Gläubiger, da die Verzichtserklärung zu Beginn des Verfahrens erteilt wird. Erfolgt keine Einigung mit den anderen Gläubigern, sind die Rechte des Gläubigers auf Erfüllung seiner Gesamtforderung gewahrt.

Was ist mit Steuerschulden?

Auch Steuerschulden gehören zu den Verbindlichkeiten, die von der
 Restschuldbefreiung erfasst werden. Ein Einigungsversuch wird seitens des Finanzamts als ein Antrag auf den Erlass von Steuerschulden geprüft. Die hier gestellten Anforderungen sind zwar hoch, aber es wäre falsch zu behaupten, dass das Finanzamt sich nie auf einen außergerichtlichen Einigungsversuch einlässt. Da es sich bei der Entscheidung des Finanzamts um eine Ermessensentscheidung handelt, gibt es auch keine besondere Regel, bei der man sagen könnte, hier wird das Finanzamt dem Einigungsversuch positiv entsprechen. Grundsätzlich sollte der übersandte Einigungsversuch so kompakt und vollständig sein, dass das Finanzamt in die Lage versetzt wird, den Antrag sinnvoll zu prüfen.

Stehen die Steuerschulden allerdings im Zusammenhang mit einer Steuerstraftat und wurde der Schuldner hierfür rechtskräftig verurteilt, werden diese Steuerschulden nicht im Verfahren berücksichtigt (siehe Seite 67).

Neben dem eigentlichen Erlassantrag bestehen insbesondere hier Möglichkeiten, die Gesamtverbindlichkeiten zu mindern. Dies ist insbesondere dann interessant, wenn man dadurch die Befriedigungsquote der Gläubiger steigern kann, indem man die Höhe der Gesamtforderungen mindert. Die Bearbeitung der nachfolgenden Punkte kann zur Minderung der Steuerschulden beitragen:

- Berichtigung geschätzter Steuerbescheide
- Erlass von 50 Prozent der angefallenen Säumniszuschläge
- Aufteilung der Einkommensteuerschulden

Berichtigung geschätzter Steuerbescheide

Insbesondere ehemalige Selbstständige haben oft im Zusammenhang mit dem Zusammenbruch ihrer Tätigkeit keine Steuererklärungen mehr abgegeben. Das führt in der Regel dazu, dass die fehlenden Besteuerungsgrundlagen per Schätzung ermittelt wurden. Das ist auch zulässig. In den meisten Fällen liegen die Schätzungsbeträge weit über dem tatsächlichen Einkommen. Das bedeutet aber auch, dass die geforderten Steuerbeträge weit über dem tatsächlichen Maß liegen. Es bietet sich somit an, die geschätzten Steuerbescheide zu berichtigen oder berichtigen zu lassen.

Erlass von 50 Prozent der angefallenen Säumniszuschläge

Wenn eine Forderung des Finanzamts nicht am Tag ihrer Fälligkeit ausgeglichen wird, entstehen Säumniszuschläge in Höhe von 1 Prozent der Steuerforderung. Diese Verzinsung erfolgt pro Kalendermonat.

Die Säumniszuschläge haben nach ihrer Ausrichtung zur Hälfte Zins- und zur anderen Hälfte Strafcharakter. Die 0,5 Prozent des Strafcharakters können durch das Finanzamt erlassen werden. Nach Finanzrechtsprechung läuft die Bestrafung nämlich dann fehl, wenn der Steuerschuldner aufgrund seiner Zahlungsunfähigkeit nicht in der Lage ist, die Steuern rechtzeitig auszugleichen.

Der Erlass der Säumniszuschläge muss bei dem zuständigen Finanzamt schriftlich beantragt werden (siehe Musterschreiben Seite 144). Dabei ist der Beginn der Zahlungsunfähigkeit durch geeignete Unterlagen nachzuweisen. Das können beispielsweise Vollstreckungsbescheide oder -handlungen anderer Gläubiger sein.

Übrigens: Der Antrag kann unabhängig von dem Einigungsversuch gestellt werden. Über den Erlass der Säumniszuschläge wird dann auch gesondert entschieden.

Aufteilung der Einkommensteuerschulden

Werden Ehegatten zur Einkommensteuer zusammen veranlagt, haften sie nach § 44 AO auch gemeinschaftlich für die festgesetzten Einkommensteuern. Kommt es zu einer Nachzahlung, kann das Finanzamt gleichermaßen gegen den Ehemann oder die Ehefrau Vollstreckungsmaßnahmen ausbringen. Gleiches gilt, wenn der eine Ehegatte keine eigenen Einkünfte hatte. Diese Regelung stößt oft auf Unverständnis bei den Ehegatten. Letztendlich ist das Unverständnis allerdings unberechtigt, wenn man berücksichtigt, dass die Ehegatten vom Splittingtarif für Ehegatten profitieren.

Beispiel:

Gesamtschuldnerschaft der Einkommensteuer

Die Ehegatten Jörg und Barbara Frisch werden zusammen zur Einkommensteuer veranlagt. Im Jahr 2020 werden gegen die Ehegatten Einkommensteuern in Höhe von 1.000 EUR nachträglich festgesetzt. Die nachträgliche Festsetzung begründet sich auf die berufliche Tätigkeit des Ehemanns. Zwischenzeitlich ist Herr Frisch allerdings erwerbslos und hat kein eigenes Einkommen mehr. Frau Frisch ist Arbeitnehmerin und hat ein monatliches Nettoeinkommen von 1.400 EUR.

Obwohl die Steuerschulden aufgrund der beruflichen Tätigkeit des Ehemanns entstanden sind, kann das Finanzamt Vollstreckungsmaßnahmen gegen die Ehefrau ausbringen. Steuerrechtlich schulden die Ehegatten gemeinsam die Einkommensteuer in voller Höhe.

Das Vorgenannte gilt allerdings für Steuerschulden nicht uneingeschränkt. Zwar sind die Ehegatten grundsätzlich Gesamtschuldner, jedoch hat der Gesetzgeber Schuldbefreiungsvorschriften ins Gesetz eingebracht. Diese Schuldbefreiungsvorschriften sollen dafür Sorge tragen, dass tatsächlich nur der Ehegatte für die Steuern haften muss, die er selbst verursacht hat. Es handelt sich hierbei um die Möglichkeit der Aufteilung. Damit in solchen Fällen somit nicht der eine Ehegatte für die Forderungen gegen den anderen Ehegatten haften muss, ermöglicht die Abgabenordnung über § 268 ff. eine Aufteilung der Gesamtschuld. Diese Maßnahme führt zu dem Ergebnis, dass bei den zusammen veranlagten Ehegatten nachträglich eine getrennte Veranlagung nach der Maßgabe des § 26a EStG auf der Grundlage des ursprünglichen Steuerbescheids durchgeführt wird. Die sich daraus für jeden Ehegatten ergebenden Steuerschulden werden dann entsprechend bei dem jeweiligen Ehegatten vollstreckt (§ 270 Satz 1 AO).

Beispiel:

Aufteilung der Steuerschulden

Die Ehegatten Fritz wurden zur Einkommensteuer 2020 zusammen veranlagt. Aufgrund der Festsetzung im März 2021 muss das Ehepaar Fritz noch 1.250 EUR an das Finanzamt abführen. Während des ganzen Jahres 2020 war Frau Fritz Hausfrau und hatte keine eigenen Einkünfte. Herr Fritz hatte einen Gewerbebetrieb, auf den sich die Steuerzahlungen begründen. 2

Da die Eheleute Fritz 2020 zur Einkommensteuer zusammen veranlagt wurden, haften sie für die 1.250 EUR nach § 44 Abs. 1 AO gesamtschuldnerisch. Beantragt Frau Fritz nun für die Einkommensteuer 2020 eine Aufteilung der Gesamtschuld, wird sie – da sie keine Einkünfte hatte – von der Steuerschuld durch einen Aufteilungsbescheid befreit. Herr Fritz haftet somit allein für die rückständigen Steuern in Höhe von 1.250 EUR.

Nebeneffekt der Aufteilung ist allerdings, dass der günstige Splittingtarif wegfällt. Das heißt, dass die höhere Grundtabelle bei der Berechnung des Aufteilungsbescheids zur Anwendung kommt. Das kann beispielsweise dazu führen, dass zwar der insolvente Ehegatte von seiner Steuerschuld befreit, der nicht insolvente Ehegatte aber mit einer erhöhten Nachzahlung belastet wird.

Aber auch im umgekehrten Fall kann dies von Vorteil sein. Trägt der insolvente Ehegatte die Steuerlast allein, wird sie im Rahmen des Zahlungsplans zum Teil zurückgeführt und belastet nicht mehr in voller Höhe das Familieneinkommen während der Rückzahlungsphase.

Praxis-Tipp:

Der Antrag auf Aufteilung der Einkommensteuerschuld kann frühestens nach Bekanntgabe des Steuerbescheids erfolgen. Eine vorher beantragte Aufteilung ist unzulässig und wird nicht berücksichtigt (§ 269 Abs. 2 AO).

Dabei sollten Sie Folgendes beachten: Beantragen Sie die Aufteilung erst nach der Einleitung von Vollstreckungsmaßnahmen durch das Finanzamt, werden lediglich die zu diesem Zeitpunkt noch rückständigen Steuerbeträge aufgeteilt.

Die Aufteilung der Steuerschulden ist von den Ehegatten beim zuständigen Finanzamt schriftlich oder zur Niederschrift zu beantragen, übrigens auch ohne das Einverständnis des Ehepartners.

Zustimmung aller Gläubiger

Stimmen alle Gläubiger dem außergerichtlichen Einigungsversuch
2 zu, kann das Verfahren nur noch scheitern, wenn der Schuldner die Gläubiger nicht gemäß dem Zahlungsplan befriedigt, wenn er gegen die Obliegenheitspflichten des § 295 InsO (siehe Seite 41) oder sonstige Vereinbarungen des Plans verstößt.

Damit es zu einer außergerichtlichen Restschuldbefreiung wegen Verzichts der Gläubiger kommt, sollte gewährleistet sein, dass die Zahlungen immer pünktlich und in voller Höhe bei allen Gläubigern eingehen.

Grundsätzlich bestehen drei Möglichkeiten, dieses zu gewährleisten:

1. durch einen Haushaltsplan
2. durch direkte Lohnabtretungen
3. durch Einschaltung einer Person des Vertrauens

Einsatz einer Person des Vertrauens

Eine vertraute Person kann bei der Rückführung der Schulden und der Einhaltung des Plans recht hilfreich sein, insbesondere bei der moralischen Unterstützung während der Wohlverhaltensphase.

Auch bei der Einhaltung des Zahlungsplans könnte es sinnvoll sein, eine solche Person mit der Durchführung der Zahlungen zu beauftragen. Das gilt insbesondere für die Haushalte, die nicht so gut organisiert sind oder sich selbst nicht gut organisieren können.

Allerdings sollte man sich in Geldangelegenheiten die ausgewählte Person genau anschauen. Hilfsangebote gibt es viele, aber nicht jedes ist auch geeignet.

> ***Praxis-Tipp:***
>
> *Der Einsatz einer Person des Vertrauens zur Sicherung der vereinbarten Zahlungen ist empfehlenswert.*

3.

Gerichtliches Einigungsverfahren

Grundsätzliches

Ist der außergerichtliche Einigungsversuch trotz aller Bemühungen gescheitert, geht es jetzt darum, das gerichtliche Einigungsverfahren durch den Schuldner anzustreben (vgl. Abbildung auf Seite 85). Ab diesem Zeitpunkt ist es notwendig – aber nicht zwingend –, dass der Schuldner sich in die Hände einer geeigneten und nach Landesrecht zugelassenen Stelle begibt. Aufgabe der zur Hilfe geeigneten Stellen oder Personen ist es, den Schuldner bei der Erstellung des Schuldenbereinigungsplans und der notwendigen Unterlagen für das Insolvenzgericht zu unterstützen und zu bescheinigen, dass der außergerichtliche Einigungsversuch mit den Gläubigern gescheitert ist. Fehlt die Bescheinigung über das Scheitern des Einigungsversuchs oder war die Person oder Stelle zur Ausstellung nicht berechtigt, kann das Gericht den Antrag zurückweisen. Als geeignete Stelle im Sinne der Insolvenzordnung sind beispielsweise die Schuldnerberatungsstellen anzusehen. Neben den Schuldnerberatungsstellen können aber auch Verbraucherberatungen, Rechtsanwälte oder Schiedsleute geeignet sein. Die einzelnen Bundesländer führen hierüber entsprechende Listen.

Beispiel:

Hilfe durch ungeeignete Stelle

Der Schuldner Hans Hansen möchte sich in seinem gerichtlichen Einigungsverfahren nur von seinem Freund vertreten lassen. Der Freund ist aber nach Landesrecht nicht zugelassen. Nach Prüfung der Unterlagen weist das Gericht den Antrag zurück, da die von einer geeigneten Stelle ausgestellte Bescheinigung über das Scheitern des Einigungsversuchs fehlt.

Die Abweisung ist berechtigt, da das Gericht nur Bescheinigungen anerkennen muss, die von Personen oder Stellen nach § 305 Abs. 1 Nr. 1 InsO ausgestellt sind. Der Schuldner kann seinen Antrag dann wieder vorlegen, wenn er diese Voraussetzung erfüllt.

Praxis-Tipp:

Da nur nach Landesrecht zugelassene Personen Sie im gerichtlichen Verfahren vertreten dürfen, sollten Sie sich die Zulassung der entsprechenden Stellen oder Personen vorlegen lassen. Wissen Sie nicht, an wen Sie sich wenden können, können Sie Anschriften geeigneter Stellen bei folgenden Stellen erfragen: bei Insolvenzgerichten, Verbraucherzentralen der Länder (Anschriften siehe Seite 136 f.), Sozialämtern, Schuldnerberatungen, Jugendämtern, Bundesarbeitsgemeinschaft Schuldnerberatung e. V., Rechtsanwälten oder Steuerberatern.

Das gerichtliche Verfahren ist innerhalb von sechs Monaten nach Ablehnung des außergerichtlichen Einigungsversuchs beim Insolvenzgericht einzuleiten bzw. zu beantragen (§ 305 Abs. 1 Nr. 1 InsO). Wird der Termin überschritten, ist ein neues Verfahren durchzuführen. Der Schuldner sollte deshalb darum bemüht sein, möglichst schnell und unverzüglich den Eröffnungsantrag bei Gericht vorzulegen.

Beispiel:

Vorlage des Eröffnungsantrags nach Ablauf der Frist

Die Gläubiger der Klara Klein haben den gerichtlichen Einigungsversuch abgelehnt. Die letzte Ablehnung traf am 15.02.2020 bei der Schuldnerin ein. Da Frau Klein etwas schludrig mit ihren Unterlagen umgegangen ist, legt sie den Eröffnungsantrag erst am 05.10.2020 beim Insolvenzgericht vor.

Das Insolvenzgericht wird diesen Antrag zurückweisen, da dieser außerhalb der Frist von sechs Monaten vorgelegt wurde. Gemäß § 305 Abs. 1 Nr. 1 InsO hätte der Antrag bis zum 15.08.2020 vorliegen müssen. Möchte Frau Klein eine Restschuldbefreiung erfahren, muss sie das Verfahren nochmals mit dem außergerichtlichen Einigungsversuch beginnen.

Vertretungszwang

In gerichtlichen Verfahren selbst besteht kein Vertretungszwang. Das heißt, dass sich der Schuldner auch selbst aktiv an dem Verfahren beteiligen kann. Ob das eine gute Lösung ist, hängt mehr oder weniger von der Einfachheit des Verfahrens ab. Je komplizierter die Vermögenslage, desto eher würde ich zu einer Vertretung raten.

Schuldner, die eine Stundung der Verfahrenskosten erhalten, können auch die Aufwendungen für einen Rechtsbeistand gestundet bekommen, sofern das Insolvenzgericht dies für notwendig erachtet.

3 Der Schuldner kann sich aber auch von einem Rechtsanwalt, einer Schuldner- oder Verbraucherberatung vertreten lassen. Letzteres allerdings nur, wenn es sich hierbei um eine geeignete Stelle im geforderten Sinne handelt.

Eröffnungsantrag stellen

Das gerichtliche Verfahren beginnt mit dem eigentlichen Eröffnungsantrag. Anders als beim außergerichtlichen Einigungsversuch gilt beim gerichtlichen Verfahren ein Formularzwang. Das heißt, es sind die vom Insolvenzgericht vorgesehenen Formulare zu verwenden. Die entsprechenden Formulare liegen in der Regel den Schuldnerberatungen und Verbraucherverbänden vor. Sie müssen nicht durch den Schuldner beschafft werden. Der Antrag muss immer schriftlich erfolgen.

> ***Praxis-Tipp:***
>
> *Wer sich die Formulare vorab ansehen möchte, kann dies auf den Webseiten der Verbraucher- oder Schuldnerberatungsstellen tun. Die geeignete Person oder Stelle wird Ihnen beim Ausfüllen der Anträge helfen. Wer aber vorher schon weiß, welche weiteren Unterlagen von ihm selbst benötigt werden, kann diese schon vor dem Eröffnungsantrag beschaffen.*

Gemäß § 305 Abs. 1 InsO besteht ein kompletter Eröffnungsantrag aus folgenden Komponenten:

- Eröffnungsantrag selbst
- Bescheinigung, die von einer geeigneten Person oder Stelle ausgestellt ist und aus der sich ergibt, dass eine außergerichtliche Einigung mit den Gläubigern über die Schuldenbereinigung auf der Grundlage eines Plans (Zahlungsplans) innerhalb der letzten sechs Monate vor dem Eröffnungsantrag erfolglos versucht worden ist. Die wesentlichen Gründe für das Scheitern sind darzulegen. Weiterhin

muss bescheinigt werden, dass eine persönliche Beratung und eingehende Prüfung der Einkommens- und Vermögensverhältnisse stattgefunden hat.

- Antrag auf Restschuldbefreiung gemäß § 287 InsO
- Vermögensverzeichnis über das vorhandene Vermögen und Einkommen
- Zusammenfassung des wesentlichen Inhalts des vorgenannten Verzeichnisses (Vermögensübersicht)
- Verzeichnis der Gläubiger und deren rechtmäßig an den Schuldner gerichteten Forderungen
- Dem Vermögens- und Gläubigerverzeichnis ist eine Erklärung beizufügen, dass die Angaben richtig und vollständig sind.
- Schuldenbereinigungsplan
  Dieser Schuldenbereinigungsplan kann alle Regelungen enthalten, die unter Berücksichtigung der Gläubigerinteressen sowie der Vermögens-, Einkommens- und Familienverhältnisse des Schuldners geeignet sind, zu einer angemessenen Schuldenbereinigung zu führen. Des Weiteren ist in den Plan aufzunehmen, ob und inwieweit Bürgschaften, Pfandrechte und andere Sicherheiten der Gläubiger vom Plan berührt werden sollen.
- Antrag auf Stundung der Verfahrenskosten, falls dieses in Betracht gezogen wird (vgl. Stundung ab Seite 18)

Wurden die oben geforderten Unterlagen nicht komplett oder nur unzureichend dem Insolvenzgericht vorgelegt, erhält der Schuldner eine Nachfrist zur Nachbesserung. Die Nachbesserungsfrist beträgt nach § 305 Abs. 3 Satz 2 InsO einen Monat. Sollte innerhalb dieser Frist keine Nachbesserung vorgenommen werden, gilt der Antrag für das Insolvenzgericht als zurückgenommen. Die Frist sollte somit auch hier unbedingt gewahrt werden. Sollte man zur Beschaffung von Unterlagen mehr als einen Monat benötigen, empfiehlt es sich, einen Fristverlängerungsantrag unter Angabe des Verzögerungsgrunds an das Insolvenzgericht zu richten. Das Insolvenzgericht wird in der Regel solchen Anträgen stattgeben, wenn die Gründe für die Verzögerung nicht beim Schuldner selbst liegen.

Ablauf des gerichtlichen Einigungsverfahrens

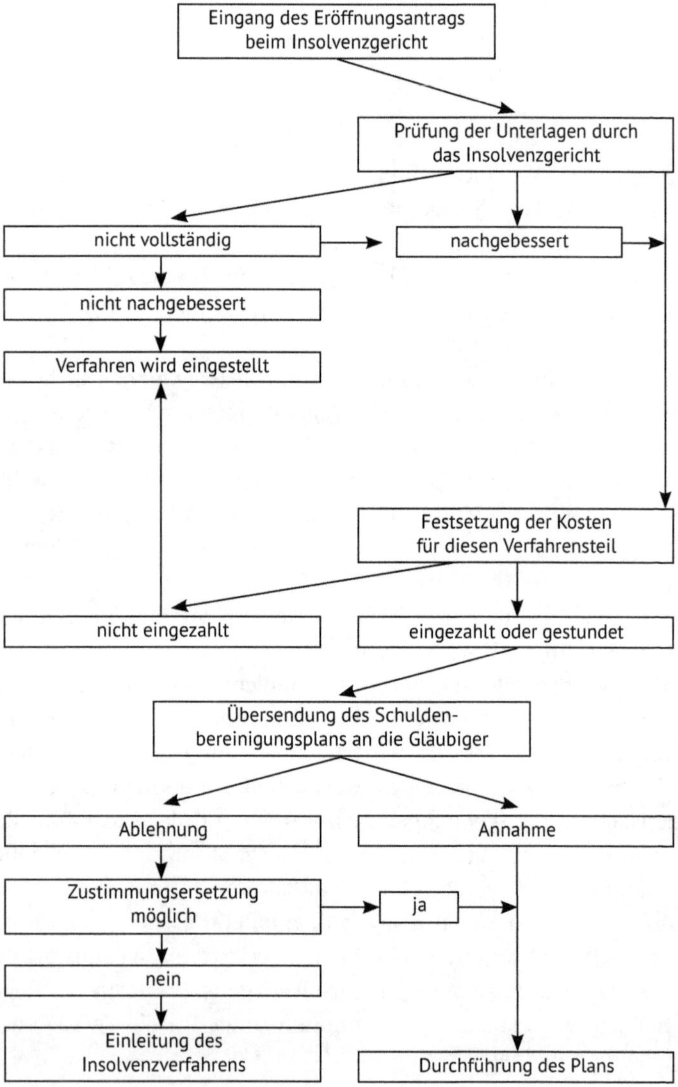

Beispiel:

Fristverlängerung wegen Verzögerung der Nachbesserung
Dieter Müller hat beim Insolvenzgericht seinen Eröffnungsantrag eingereicht. Nach Prüfung der Unterlagen stellt das Insolvenzgericht fest, dass die Lohnbescheinigung des Arbeitgebers von Dieter Müller fehlt. Das Insolvenzgericht fordert Herrn Müller auf, diese innerhalb eines Monats nachzureichen. Herr Müller setzt sich daraufhin mit seinem Arbeitgeber in Verbindung. Dieser teilt ihm mit, dass der Buchhalter für drei Wochen in Urlaub ist und erst nach dessen Rückkehr eine Ausstellung der Bescheinigung möglich ist.
Herr Müller sollte daraufhin beim Insolvenzgericht eine Fristverlängerung beantragen, da er aus Gründen, die er nicht verantworten kann (Urlaub des Buchhalters), die Lohnbescheinigung wahrscheinlich nicht rechtzeitig vorlegen kann.

Praxis-Tipp:

Besteht die Gefahr, dass die angeforderten Unterlagen zur Nachbesserung nicht rechtzeitig beim Insolvenzgericht eintreffen, sollte immer ein Fristverlängerungsantrag gestellt werden.

Liegt ein kompletter Antrag vor, beginnt nun das eigentliche gerichtliche Vergleichsverfahren.

Wichtig: Bei dem Eröffnungsantrag selbst handelt es sich nur um einen sogenannten Mantelbogen. Er umfasst im Wesentlichen nur den Anschriftenteil, das Anhangverzeichnis und den Personalbogen. Auch hier gilt es, möglichst genaue Angaben zu machen, insbesondere bei den persönlichen Daten.

Zum Mantelbogen gehören unter anderem folgende Vordrucke:
- Bescheinigung über das Scheitern des Einigungsversuchs
- Antrag auf Erteilung der Restschuldbefreiung
- Vermögensverzeichnis des Schuldners
- Gläubiger- und Forderungsübersicht

- Schuldenbereinigungsplan
- chronologischer Zahlungsplan

Bescheinigung über das Scheitern des außergerichtlichen Einigungsversuchs

3 Wie bereits beschrieben, kann ein gerichtliches Einigungsverfahren grundsätzlich erst aufgenommen werden, wenn

- der Schuldner einen außergerichtlichen Einigungsversuch unternommen hat und dieser gescheitert ist,
- mit dem Schuldner eine persönliche Beratung und
- eine eingehende Prüfung der Vermögens- und Einkommensverhältnisse vorgenommen wurde.

Entsprechend dieser Forderung lässt sich das Insolvenzgericht das Vorliegen dieser Voraussetzung zu Beginn des Verfahrens bescheinigen. Eine solche Bescheinigung kann aber aufgrund der gesetzlichen Vorschrift nur von einer nach Landesrecht geeigneten Stelle oder Person erteilt werden. Der Schuldner ist demnach gezwungen, sich diesbezüglich an eine solche Person oder Stelle zu wenden. Dies gilt auch, wenn von allen Gläubigern schriftliche Ablehnungen vorliegen. Fehlt diese Bescheinigung oder ist sie nicht von dem geforderten Personenkreis erstellt, wird das Gericht das Verfahren nicht weiter bearbeiten und zur Nachbesserung auffordern (siehe oben zum Begriff der Nachbesserung).

Hat sich während des außergerichtlichen Einigungsversuchs ein Gläubiger geweigert, an dem Verfahren teilzunehmen oder dem Schuldner die Ablehnung schriftlich zu bestätigen, kann dies nicht dazu führen, dass das Verfahren mangels fehlender Ablehnung nicht eröffnet wird. In einem solchen Fall sollte zu der Bescheinigung zusätzlich ein entsprechender Vermerk über den Sachverhalt gefertigt werden. Als Nachweis für den von Ihnen unternommenen Versuch ist das Anschreiben mit dem dazugehörigen Einschreibebeleg dem Vermerk beizufügen. Das Insolvenzgericht kann anhand dieser Unterlagen erkennen, dass der Gläubiger zumindest am außergerichtlichen Einigungsverfahren beteiligt worden ist.

Beispiel:

Gläubiger hat nicht am außergerichtlichen Einigungsversuch teilgenommen

Die Firma Kleinmann ist Gläubiger des Schuldners Friederich Jung. Im Rahmen des außergerichtlichen Einigungsversuchs übersandte Jung der Firma Kleinmann am 20.03.2021 einen Schuldenbereinigungsplan per Einschreiben mit Rückschein zu. Trotz mehrmaliger Aufforderung ist die Firma Kleinmann bisher nicht bereit gewesen, zu diesem Plan Stellung zu nehmen. In seinem letzten Schreiben forderte Herr Jung die Firma nochmals auf, bis zum 03.06.2021 eine Entscheidung mitzuteilen. Auf seinen per Einschreiben versandten Brief erhielt er aber keine Antwort. Wegen der fehlenden Zusage ist Herr Jung nun gezwungen, ein gerichtliches Verfahren zu beantragen.

Obwohl die Ablehnung des Gläubigers Firma Kleinmann fehlt, kann dennoch das gerichtliche Verfahren beantragt werden. Hierbei ist bezüglich des Verhaltens des Gläubigers ein zusätzlicher Vermerk zu fertigen. Die einzelnen Maßnahmen des Schuldners sind durch Kopien der Schreiben und Einschreibenachweise zu belegen.

Praxis-Tipp:

Sie sollten grundsätzlich jeden Schriftverkehr mit den Gläubigern aufbewahren. Jeder dieser Briefe sollte nach Möglichkeit mindestens per Einschreiben versandt werden. Je kompletter Ihre Unterlagen, desto eher können Sie geforderte Nachweise bzw. Beweise dem Insolvenzgericht vorlegen.

Ein außergerichtlicher Einigungsversuch wird auch als gescheitert angesehen, wenn ein Gläubiger die Zwangsvollstreckung fortgeführt hat, obwohl ihm der für den Einigungsversuch erstellte außergerichtliche Schuldenbereinigungsplan vorgelegen hat. In diesem Fall kann man unabhängig von den Antwortschreiben der anderen Gläubiger den Eröffnungsantrag beim Gericht vorlegen. In solchen Fällen wird aber trotzdem verlangt, dass eine entsprechende Stellungnahme vom Schuldner bzw. von der geeigneten Stelle oder Person abgegeben wird. Im Prinzip ist glaubhaft darzustellen, dass trotz des Vorliegens des ausgearbeiteten Plans beim Gläubiger dieser eine Zwangsvollstreckung eingeleitet hat.

Beispiel:

Pfändung nach Planzugang

Peter Meier hat mit seiner Schuldnerberatungsstelle einen Schuldenbereinigungsplan für seinen außergerichtlichen Einigungsversuch erarbeitet. Diesen Plan übersendet er unter anderem an das Finanzamt, welches im Verfahren als Gläubiger auftritt. Nachdem dem Finanzamt der Plan zugegangen ist, pfändet dieses den Lohn des Herrn Meier.
Aufgrund der Pfändung kann Herr Meier davon ausgehen, dass der außergerichtliche Einigungsversuch seitens des Finanzamts als gescheitert angesehen wird. Mit der Pfändung kann unterstellt werden, dass das Finanzamt dem Plan nicht zustimmen will.

Der Schuldner muss mit einer geeigneten Stelle eine eingehende persönliche Beratung durchführen. Zudem sollen bereits vor Beginn des gerichtlichen Verfahrens die Einkommens- und Vermögensverhältnisse eingehend geprüft werden. Der Gesetzgeber will dadurch erreichen, dass durch eine qualitativ bessere Beratung der sogenannte Drehtüreffekt vermieden wird. Weiterhin soll die eingehende Beratung und Vorprüfung die Qualität der vorzulegenden Unterlagen erheblich steigern. Kurz gesagt: Die Bescheinigung soll nicht nur für das schlichte Ausfüllen der Unterlagen ausgestellt werden.

Das Vermögensverzeichnis

Ähnlich wie beim außergerichtlichen Einigungsversuch ist auch für das gerichtliche Verfahren ein Vermögensverzeichnis zu erstellen. Dieses Vermögensverzeichnis unterscheidet sich grundsätzlich nicht von dem beim außergerichtlichen Verfahren, jedoch gilt hier der Vordruckzwang. Das geforderte Vermögensverzeichnis gliedert sich in zwei Teile:

- Einkommensverzeichnis und
- Vermögensverzeichnis

Im Gegensatz zum außergerichtlichen Verfahren sind im gerichtlichen Verfahren die gemachten Angaben zu belegen, so zum Beispiel folgende:

Beispiele:

Notwendige Belege im gerichtlichen Verfahren

- Haus- und Grundbesitz mit notariellem Vertrag (soweit vorhanden, Grundbuchauszug)
- Fahrzeuge mit dem Fahrzeugbrief
- Lebensversicherungen mit den Verträgen
- Sparguthaben mit den Sparbüchern
- Arbeitseinkommen mit der Gehaltsbescheinigung
- Sozialhilfe oder Arbeitslosengelder mit den Leistungsbescheiden
- Renten mit dem Rentenbescheid

Sind weitere oder andere Einkommens- oder Vermögensbestandteile vorhanden, sind auch diese grundsätzlich zu belegen.

Achtung: Ist das Verzeichnis unvollständig oder werden Vermögensteile oder Einkommen verschwiegen, wird dies nicht zur Restschuldbefreiung führen. Das Insolvenzgericht wird wegen der falschen Angaben das Verfahren einstellen.

Sollte es dennoch vorkommen, dass man unabsichtlich etwas vergessen hat, ist dies umgehend dem Insolvenzgericht mitzuteilen und der Vermögensteil bzw. das Einkommen nachzumelden.

Das Gläubigerverzeichnis mit Forderungsaufstellung

Das Gläubigerverzeichnis unterscheidet sich nicht – abgesehen vom Formularzwang – von dem Verzeichnis, das bereits für den außergerichtlichen Einigungsversuch (vgl. Ausführungen zum Gläubigerverzeichnis Seite 57) zusammengestellt wurde. Allerdings ist darauf zu achten, dass zwischen der Erstellung des ersten Gläubigerverzeichnisses und der Forderungsaufstellung bereits einige Zeit vergangen sein wird. Daher sollte das Verzeichnis überprüft und bei Bedarf aktualisiert werden.

Beispiel:

Aktualisierung des Gläubigerverzeichnisses
Im Januar 2021 hatte der Schuldner Ludwig Köster einen außergerichtlichen Einigungsversuch mit seinen Gläubigern unternommen. Zu diesem Zweck hatte er im Dezember 2020 ein Gläubiger- und Forderungsverzeichnis erstellt. Im März 2021 wurde der außergerichtliche Vergleich von einigen Gläubigern zurückgewiesen. Nun möchte Ludwig Köster das gerichtliche Einigungsverfahren beantragen. Im Januar 2021 hatte sich Herr Köster noch einige Sachen bei dem Versandhaus Klögge bestellt und bisher noch nicht bezahlen können. Diese Forderung bzw. dieser Gläubiger ist noch nicht im Gläubigerverzeichnis geführt, obwohl das Versandhaus am Verfahren beteiligt wurde.
Bei der Erstellung des Gläubiger- und Forderungsverzeichnisses für das gerichtliche Verfahren muss Herr Köster sein bisheriges Gläubigerverzeichnis um die Firma Klögge ergänzen. Erfolgt dies nicht, wird das Gericht hier später eine Nachbesserung verlangen, die entsprechend zur Verzögerung des gerichtlichen Einigungsverfahrens führen wird.

Ist das Gläubiger- und Forderungsverzeichnis komplett erstellt, sollte nochmals eine Prüfung bezüglich der Richtigkeit und Verjährung der Forderungen (vgl. auch hierzu die Ausführungen auf Seite 58) erfolgen. Denn nur die Forderungen, die tatsächlich berechtigt sind, sollen im gerichtlichen Verfahren später eine Berücksichtigung finden. Werden die Forderungen bestritten, muss der Schuldner dem Insolvenzgericht darlegen, warum er die Forderung bestreitet und in welcher Höhe diese Forderung tatsächlich valutiert. Im gerichtlichen Verfahren muss der Gläubiger nun dem Gericht darlegen, wieso seine vom Schuldner bestrittene Forderung zu Recht besteht. Entsprechend ergibt sich für den Schuldner hier eine Vereinfachung, da das Insolvenzgericht prüft, ob eine Berücksichtigung der Forderung im Verfahren vorzunehmen ist.

Insbesondere folgende Forderungen müssen in diesem Zusammenhang vom Schuldner nicht anerkannt werden:

- Kosten für die Anforderung der Forderungsaufstellungen der Gläubiger, wenn diese dem Schuldner in Rechnung gestellt wurden
- Kosten für Zwangsvollstreckungsmaßnahmen, wenn es sich bei der Maßnahme um eine wiederholte erfolglose Vollstreckung gehandelt hat
- Kosten für eine Zwangsvollstreckung, die ohne Erfolg blieb, und wenn bekannt war, dass Sie ein Verbraucherinsolvenzverfahren einleiten werden
- zusätzliche Mahngebühren, Kontoführungsgebühren, Schreib- und Kopierkosten der Gläubiger während des außergerichtlichen Einigungsversuchs
- zusätzliche Mahngebühren, Kontoführungsgebühren, Schreib- und Kopierkosten, wenn mit dem Gläubiger pauschalierte Verzugszinsen vereinbart waren
- zusätzliche Inkassokosten, die im Vergleichsverfahren entstanden sind. Dazu gehören auch in diesem Zusammenhang entstandene Rechtsanwaltskosten der Gläubiger.

Beispiel:

Nicht anzuerkennende Gebühren durch den Gläubiger

In ihrer Forderungsaufstellung fordert die Franken Bank vom Schuldner Dieter Wuttke folgende Aufwendungen: Mahngebühren 75 EUR, Schreib- und Kopierauslagen 25 EUR, Kontoführungsgebühren 33 EUR und sonstige Bearbeitungskosten 15 EUR. Neben diesen Kosten erhebt die Bank noch die entstandenen und vereinbarten pauschalierten Verzugszinsen in Höhe von 33 EUR monatlich.

Herr Wuttke muss nur die entstandenen pauschalierten Verzugszinsen als Forderung anerkennen. Alle weiteren Aufwendungen gehen zulasten der Bank, da ebendiese pauschalierten Verzugszinsen vereinbart worden sind. Der Sachverhalt ist entsprechend mit der Erläuterung in das Forderungsverzeichnis aufzunehmen. Die Forderung der Franken Bank vermindert sich somit um 148 EUR.

Wie ersichtlich, kann es sich zugunsten der Insolvenzmasse lohnen, jede einzelne Forderungsposition auf ihre Richtigkeit hin zu prüfen.

Neben dem Gläubiger- und Forderungsverzeichnis sind die entsprechenden Rechnungen, Verträge, Kündigungsschreiben etc. beizulegen. Auch hier gilt: Je kompletter die Unterlagen, desto schneller kann das

Insolvenzgericht den Fall bearbeiten. Man erspart sich hierbei einige Rückfragen und somit Schriftverkehr und Zeit.

> ***Praxis-Tipp:***
>
> *Stellen Sie dem Insolvenzgericht alle im Forderungsverzeichnis aufgeführten Forderungsgrundlagen (Rechnungen, Verträge usw.) zur Verfügung. Das vermeidet zeitaufwendige Rückfragen und hilft, Missverständnisse zu vermeiden.*

Erklärung über die Richtigkeit und Vollständigkeit aller gemachten Angaben

Bezüglich der Richtigkeit und Vollständigkeit des Vermögens- und Einkommensverzeichnisses und des Gläubiger- und Forderungsverzeichnisses verlangt das Insolvenzgericht eine schriftliche Versicherung vom Schuldner. Mit dieser Versicherung bestätigt dieser dem Insolvenzgericht, dass alle gemachten Angaben nach bestem Wissen und Gewissen vollständig gemacht worden sind. Wenn das Insolvenzgericht im Verlauf des Verfahrens, aber auch nach Ablauf des Verfahrens feststellt, dass er bewusst oder grob fahrlässig unrichtige oder unvollständige Angaben gemacht hat, wird dies neben der Versagung der Restschuldbefreiung gegebenenfalls noch zu einer Strafanzeige führen.

Der Schuldner sollte seine Angaben vor Abgabe der Erklärung genauestens überprüfen. Sollte er nach Abgabe der Erklärung beim Insolvenzgericht feststellen, dass er etwas vergessen hat, muss er dies umgehend dem Insolvenzgericht melden. In der Regel wird dann eine Nachbesserung des Verzeichnisses erfolgen.

Der gerichtliche Schuldenbereinigungsplan

Der gerichtliche Schuldenbereinigungsplan gestaltet sich ähnlich dem Schuldenbereinigungsplan, den Sie schon im außergerichtlichen Verfahren (vgl. Seite 65) kennengelernt haben, jedoch besteht er aus drei Plänen:

- Gläubiger- und Forderungsverzeichnis (siehe oben)
- Schuldenbereinigungsplan – Allgemeiner Teil
- Schuldenbereinigungsplan – Besonderer Teil

Für jeden Gläubiger ist ein einzelner Schuldenbereinigungsplan (Besonderer Teil) aufzustellen. In diesen Plan werden für jeden Gläubiger folgende Daten aufgenommen:

- Daten des Gläubigers, etwa Name, Anschrift, Vertreter und ggf. Geschäftszeichen
- Höhe der gesamten Forderung gemäß Forderungsaufstellung des Gläubigers (darin enthalten sind auch die Forderungen, welche von Ihnen ggf. bestritten werden)
- Art und Höhe jeder einzelnen Forderung (Begründung und Erläuterung)
- gegebene Sicherheiten an den Gläubiger
- Beschreibung des von Ihnen gemachten Angebots (Forderungsquote, Zahlungsart usw.)
- Gesamtsumme des Angebots
- Zahlungstermine (Beispiel: Ratenzahlung jeweils zum 10. des Kalendermonats)
- Anpassungsklausel

Die Angaben über die Höhe der jeweiligen Forderungen kann man den Forderungsaufstellungen entnehmen, welche die Gläubiger vor Beginn des außergerichtlichen Vergleichs übersandt haben, bzw. aus dem erstellten Gläubiger- und Forderungsverzeichnis. Zu beachten ist dabei, dass auch hier nur die aktuellsten Zahlen eingetragen werden sollten und der Schuldenbereinigungsplan mit dem vorher erstellten Gläubiger- und Forderungsverzeichnis übereinstimmt. Abweichungen zwischen dem Verzeichnis und dem Schuldenbereinigungsplan führen nur zu Rückfragen des Insolvenzgerichts und somit zu Zeitverzögerungen.

Neben dem besonderen Teil des Schuldenbereinigungsplans ist zusätzlich für jeden Gläubiger ein allgemeiner Teil zu erstellen. Dieser allgemeine Teil enthält neben den persönlichen Daten des Gläubigers

(Name, Anschrift) weitere Angaben zu seiner Forderung, Tilgungsquote und Tilgungssumme.

Ist das Schuldnerverzeichnis erstellt, muss nun ein „chronologischer Zahlungsplan“ erarbeitet werden. Dieser Plan umfasst jede einzelne Zahlung an jeden Gläubiger beginnend ab dem ersten Tag der Zahlung.
3 Dabei sind die Zahlungstermine nach Kalenderjahr, Monat, Tag aufsteigend zu sortieren.

Bezüglich der Höhe des pfändbaren Einkommens hat der Schuldner hier die Möglichkeit, die Pfändungsfreigrenze erhöhen zu lassen. Er sollte daher grundsätzlich, beispielsweise durch die Schuldnerberatungsstelle, das sozialrechtliche Existenzminimum nach SGB II berechnen lassen. Das Insolvenzgericht kann dann auf Antrag bei berechtigtem Bedarf die Pfändungsfreigrenze gemäß § 850f Abs. 1 ZPO erhöhen.

> ***Praxis-Tipp:***
>
> *Lassen Sie als Schuldner in begründeten Fällen immer Ihr sozialrechtliches Existenzminimum ermitteln. Ist dieses höher als die gesetzliche Pfändungsfreigrenze, können Sie auf Antrag die Pfändungsfreigrenze angleichen lassen.*

Antrag auf Restschuldbefreiung gemäß § 287 InsO

Eine Restschuldbefreiung ist nicht zwingende Konsequenz eines Insolvenzverfahrens, sondern nur eine vom Gesetzgeber eingeräumte Möglichkeit. Das heißt, dass man auch ein Insolvenzverfahren durchführen kann, ohne eine Restschuldbefreiung zu erfahren. Aus diesem Grund muss zusätzlich ein Antrag auf Restschuldbefreiung gemäß § 287 InsO gestellt werden.

Die Zulässigkeit des Antrags wird zu Beginn des Insolvenzverfahrens durch das Insolvenzgericht geprüft (siehe Seite 106).

Kosten des Verfahrens

Bevor das Insolvenzgericht das eigentliche Verfahren aufnimmt, muss der Schuldner erst einmal die Verfahrenskosten aufbringen und abführen. Aus diesem Grund empfiehlt es sich, die Verfahrenskosten bereits vor Beginn des außergerichtlichen Einigungsversuchs ermitteln zu lassen oder selbst zu ermitteln, da man sich das Geld dann entsprechend zusammensparen kann. Solange das Gericht selbst kein Geld erhält, wird es das Verfahren nicht durchführen.

Gemäß den Regelungen der Insolvenzordnung hat das Insolvenzgericht einen Antrag auf Eröffnung des Insolvenzverfahrens zurückzuweisen, wenn das Vermögen des Schuldners voraussichtlich nicht ausreichen wird, um die Kosten des Verfahrens zu decken. Die Abweisung unterbleibt, wenn ein ausreichender Betrag vorgeschossen wird. Für das Insolvenzverfahren bedeutet das nichts anderes, als nach Zugang der Kostenberechnung diese sofort innerhalb der gesetzten Frist auszugleichen.

Gleichfalls kann eine Restschuldbefreiung auf Antrag des Treuhänders versagt werden, wenn dessen Forderungen aufgrund seiner Treuhändertätigkeit durch den Schuldner nicht ausgeglichen werden.

Bedürftige Personen können die Verfahrenskosten gemäß §§ 4a bis 4d InsO auf Antrag gestundet bekommen (vgl. Ausführungen zur Stundung auf Seite 18).

Gerichtskosten

Die Gerichtskosten für ein Verbraucherinsolvenzverfahren richten sich nach Nr. 2320 der Anlage 1 zum Gerichtskostengesetz. Der Gerichtskostensatz beträgt das 2,5-fache. Bei einem masselosen Verfahren fallen 87,50 EUR (2,5-fache aus 35 EUR) an.

Streitwert bis	1,0-fache	2,5-fache
500 EUR	35 EUR	87,50 EUR
1.000 EUR	53 EUR	132,50 EUR
1.500 EUR	71 EUR	177,50 EUR
2.000 EUR	89 EUR	222,50 EUR
3.000 EUR	108 EUR	270,00 EUR
4.000 EUR	127 EUR	317,50 EUR
5.000 EUR	146 EUR	365,00 EUR
6.000 EUR	165 EUR	412,50 EUR
7.000 EUR	184 EUR	460,00 EUR

Streitwert bis	1,0-fache	2,5-fache
8.000 EUR	203 EUR	507,50 EUR
9.000 EUR	222 EUR	555,00 EUR
10.000 EUR	241 EUR	602,50 EUR
...	...	...

Für das Eröffnungsverfahren wird eine Gebühr in Höhe vom 0,5-Fachen erhoben. Die Gebühren des Insolvenzverwalters und des Treuhänders sind auf den Seiten 114 und 117 beschrieben.

Beginn des „eigentlichen Verfahrens"

Liegt der vollständige Eröffnungsantrag dem Insolvenzgericht vor und sind die Verfahrenskosten bezüglich der Zustellkosten und Antragsgebühren ausgeglichen oder gestundet, beginnt der eigentliche gerichtliche Einigungsversuch.

Der gerichtliche Einigungsversuch hat im Wesentlichen dasselbe Ziel wie der außergerichtliche Einigungsversuch. Auch hier soll versucht werden, mit nur geringem Verwaltungsaufwand eine Einigung zwischen den Gläubigern und dem Schuldner zu schaffen. Das Verfahren beginnt damit, dass den Gläubigern vom Insolvenzgericht jeweils ein Schuldenbereinigungsplan zugesandt wird, verbunden mit der Bitte um Stellungnahme innerhalb eines Monats nach Zustellung. Während dieser Entscheidungsphase der Gläubiger ruht das Verfahren. Diese Ruhefrist kann bis zu drei Monate in Anspruch nehmen.

Antworten die Gläubiger innerhalb der gesetzten Frist nicht, gilt der Antrag als angenommen. Dies gilt insbesondere dann, wenn die Gläubiger sich weigern, an dem Verfahren teilzunehmen. Die weitere Verfahrensweise des Insolvenzgerichts hängt nun von den Antworten der Gläubiger ab.

Alle Gläubiger geben ihre Zustimmung

Der günstige Fall tritt ein, wenn alle Gläubiger dem vom Schuldner in Zusammenarbeit mit der helfenden Stelle oder Person erarbeiteten und vom Insolvenzgericht vorgelegten Schuldenbereinigungsplan zustimmen. Dann muss das Insolvenzgericht nur noch geringfügig tätig werden.

Das Insolvenzgericht stellt in diesem Fall per Beschluss fest, dass ein Prozessvergleich zwischen den Gläubigern und dem Schuldner stattgefunden hat. Dieser Beschluss ist für alle Gläubiger und den Schuldner bindend. Das gilt auch für die Gläubiger, deren Zustimmung durch Zwang des Insolvenzgerichts oder durch Ablauf der Anhörungsfrist ersetzt worden ist. Das Schuldenbereinigungsverfahren kann nun nur noch dann scheitern, wenn der Schuldner seine Obliegenheitspflichten (siehe Seite 41) während des Verlaufs der Zahlungsphase verletzt.

Aufgrund des Beschlusses gelten zudem folgende Anträge automatisch als zurückgenommen:

- der Eröffnungsantrag für das Insolvenzverfahren
- der Antrag auf Restschuldbefreiung

Weiterhin hat die Einigung zur Folge, dass ein gerichtlicher bzw. amtlicher Treuhänder nicht mehr eingesetzt werden muss. Diese Aufgabe kann ein vom Schuldner eingesetzter Treuhänder oder er selbst übernehmen. Im Prinzip ist hier dasselbe zu veranlassen wie beim Gelingen eines außergerichtlichen Vergleichs. Dazu spart sich der Schuldner weitere Verfahrenskosten sowie die Aufwendungen für den amtlich bestimmten Treuhänder.

Werden die Obliegenheiten des Vergleichs vom Schuldner allerdings nicht eingehalten, gilt das Verfahren als gescheitert. Dies hat zur Folge, dass keine Restschuldbefreiung für ihn eintreten wird und die Schulden wieder in voller Höhe valutieren.

> ***Praxis-Tipp:***
>
> *Stellen Sie auf jeden Fall die Zahlungen durch Einschaltung einer unabhängigen dritten Person sicher. Ein Ausfall von Zahlungen oder ein Zahlungsverzug wird zum Scheitern des Verfahrens führen!*

Ablehnung des Vergleichs im Allgemeinen

Lehnen die Gläubiger den gerichtlichen Vergleich ab, muss dies nicht zwingend sofort zum Insolvenzverfahren führen. Handelt es sich nur um geringfügige Gründe, kann der Schuldner in Verbindung mit seinem Berater und dem Insolvenzgericht prüfen, ob eventuell eine Nachbesserung erfolgen kann, die eine Zustimmung des Gläubigers zur Folge hat.

Ein solcher Fall könnte vorliegen, wenn Gläubiger Kosten wie beispielsweise Mahngebühren, Zwangsvollstreckungen oder Inkassokosten noch bei der Ermittlung der Forderungsquote anerkannt haben wollen. Hier sollte das Forderungsverzeichnis nur geändert werden, wenn die Kosten berechtigt in das Verzeichnis hätten aufgenommen werden müssen.

> ***Praxis-Tipp:***
>
> *Sind die Ablehnungsgründe nur geringfügig, sollten Sie nochmals versuchen, eine Einigung mit dem entsprechenden Gläubiger zu erzielen. Leisten Sie aber dennoch keine unberechtigte oder übervorteilende Zahlung.*

Weitaus seltener dürften Einwendungen wegen der Höhe der Forderungsquote gemacht werden, da diese bereits im außergerichtlichen Verfahren anhand des erstmals erstellten Gläubiger- und Forderungsverzeichnisses mitgeteilt wurden und dort schon Streitpunkt gewesen sein dürften. Zweifelt weiterhin ein Gläubiger an der Richtigkeit der Berechnung, sollte er darauf hingewiesen werden, dass die Unterlagen – insbesondere das Forderungsverzeichnis – unter anderem vom Insolvenzgericht geprüft wurden. Eine Kontrolle der Berechnungen auf Richtigkeit schadet aber auch nicht. Kleine Fehler können sich durchaus einschleichen. Liegt ein Fehler vor, ist dieser in Verbindung mit dem Insolvenzgericht zu berichtigen. Das Insolvenzgericht wird die Berichtigung der eingereichten Unterlagen vornehmen und die weiteren Gläubiger über die Änderungen informieren.

Beispiel:

Fehler bei der Ermittlung der Forderungsquote

Für den Gläubiger Dr. Werner Schmidt wurde eine Forderungsquote von 10 Prozent ermittelt. Bei der Prüfung der vom Gericht übersandten Unterlagen stellt er fest, dass eine Rechnung unberechtigt nicht berücksichtigt

wurde. Die Berücksichtigung der Rechnung würde seine Forderungsquote auf 12 Prozent erhöhen. Herr Dr. Schmidt lehnt zunächst den gerichtlichen Einigungsversuch ab.
Der Schuldner sollte prüfen, ob die Rechnung tatsächlich zu berücksichtigen ist. Liegt dieser Fall vor, ist das Insolvenzgericht um Berichtigung zu bitten. Das Insolvenzgericht ändert das Gläubigerverzeichnis entsprechend und wird alle Gläubiger über die berechtigte Änderung in Kenntnis setzen. Herr Dr. Schmidt kann nun den gerichtlichen Vergleich nachträglich anerkennen.

Stimmen ein oder mehrere Gläubiger dem Vergleich trotz aller Einigungsversuche nicht zu, kommt es für den weiteren Verlauf nun auf die Gläubigerstellung im Verfahren an. Hier kommen Begriffe wie Gläubigermehrheit und Gläubigerminderheit zum Tragen.

Ablehnung des Vergleichs durch die Gläubigerminderheit

Die Wirkung einer Ablehnung durch einen Gläubiger hängt davon ab, welches Gewicht seine Stimme im Verfahren hat. Jeder Gläubiger hat im Verfahren ein Stimmrecht, welches sich allein daraus ergibt, dass er eine Forderung gegen den Schuldner hat. Man spricht hier von der Kopfstimme. Welches Gewicht die Kopfstimme gegenüber anderen Kopfstimmen hat, entscheidet die Höhe der Forderung gegen den Schuldner. Man spricht hier von der Kapitalstimme. Beide Stimmen sind im Zusammenhang zu sehen. Diese Regelung verhindert beispielsweise, dass ein Gläubiger mit geringen Forderungen das Verfahren blockiert. Ein Gläubiger mit einer sehr hohen Forderung kann somit von Gläubigern mit nur geringen Forderungen überstimmt werden.

Lehnt ein Gläubiger, der zur Kapital- und Kopfminderheit gehört, den gerichtlichen Vergleich ohne weitere Angabe von Gründen ab, kann das Insolvenzgericht die fehlende Zustimmung gemäß § 309 InsO ersetzen. Das bedeutet, dass das Insolvenzgericht den Gläubiger zur Zustimmung zwingt und das gerichtliche Verfahren per Beschluss durchgeführt wird. Der verweigernde Gläubiger erhält aber trotzdem Zahlungen gemäß seiner Forderungsquote.

Voraussetzung für die Zustimmungsersetzung ist, dass

- ein Antrag eines Gläubigers oder Schuldners vorliegt,
- mehr als die Hälfte aller Gläubiger dem gerichtlichen Einigungsversuch zugestimmt haben (Kopfmehrheit) oder
- die Summe der Forderungen der zustimmenden Gläubiger mehr als die Hälfte der Gesamtforderungen beträgt (Kopfminderheit).

Beispiel:

Fehlende Zustimmung bei Gläubigerminderheit

Fritz Schulte ist Gläubiger des Schuldners Hansi Horst. Seine Forderungsquote gemäß Schuldenbereinigungsplan beträgt im Verhältnis zu den anderen Gläubigern nur 5 Prozent. Herr Schulte, der bereits beim außergerichtlichen Einigungsversuch seine Zustimmung verweigert hatte, stimmt auch im gerichtlichen Verfahren dem Einigungsversuch nicht zu. Er begründet seine Ablehnung damit, dass, wer Schulden mache, auch voll bezahlen müsse. Eine nochmalige Anhörung des Insolvenzgerichts ändert nichts an der Zustimmungsverweigerung. Alle anderen Gläubiger haben dem Schuldenbereinigungsplan zugestimmt.

Das Insolvenzgericht kann in diesem Fall die Zustimmung gemäß § 309 InsO ersetzen, da der Gläubiger keine Gründe vorgebracht hat, die eine Zustimmungsersetzung als nicht angemessen erscheinen lassen. Die Gründe sind nur persönlich und haben mit der wirtschaftlichen Betrachtung nichts zu tun.

Die Zustimmung kann durch das Insolvenzgericht allerdings nicht ersetzt werden, wenn eine der folgenden Bedingungen erfüllt ist:

- Der Gläubiger, der die Einwendungen erhoben hat, wird im Verhältnis zu den übrigen Gläubigern nicht angemessen beteiligt.
- Der Gläubiger, der die Einwendungen erhoben hat, wird im Schuldenbereinigungsplan wirtschaftlich schlechter gestellt, als er bei der Durchführung des Verfahrens über die Anträge auf Eröffnung des Insolvenzverfahrens und Erteilung der Restschuldbefreiung stünde.

Wird die Zustimmung ersetzt, bedeutet das für den Schuldner, dass das Insolvenzgericht per Beschluss (Prozessvergleich) die Einigung feststellt. Das gerichtliche Verfahren endet entsprechend. Die Anträge auf Eröffnung des Insolvenzverfahrens und Restschuldbefreiung gelten als zurückgenommen. Nach Ablauf der Zahlungsfrist und Erfüllung des Schuldenbereinigungsplans tritt die Restschuldbefreiung ein. Dies gilt aber nicht für die Gläubiger, die nicht im Schuldenbereinigungsplan berücksichtigt wurden! Diese Verbindlichkeiten bleiben weiterhin in voller Höhe bestehen. Gleiches gilt für Schulden, die nach Zustimmung zum Schuldenbereinigungsplan bzw. während des Verlaufs der Zahlungsfrist entstehen.

Beispiel:

Schulden, die während der Zahlungsphase entstehen

Der Schuldner Dietmar Naumann befindet sich seit zwei Jahren in der Zahlungsphase. Der gerichtliche Vergleich wurde damals unter Zustimmung aller Gläubiger angenommen. Bisher sind alle Zahlungen pünktlich gemäß dem Schuldenbereinigungsplan erfolgt. Während des Verlaufs der Zahlungsphase bestellt Herr Naumann beim Versandhaus Klöcke eine Waschmaschine. Da Herr Naumann meint, es würde nach Ablauf der Zahlungsfrist eine Restschuldbefreiung eintreten, bezahlt er die Waschmaschine nicht.

Bezüglich der Forderung der Firma Klöcke tritt keine Restschuldbefreiung ein, da die Firma nicht am Verfahren beteiligt ist. Entsprechend kann die Firma Klöcke Zwangsvollstreckungsmaßnahmen gegen Herrn Naumann ausbringen.

Die nicht am Verfahren beteiligten neuen Gläubiger haben weiterhin das Recht, gegen den Schuldner Zwangsvollstreckungsmaßnahmen auszubringen. Aus diesem Grund sollte man grundsätzlich das pfändbare Einkommen an einen Treuhänder abtreten, damit etwaige neue Lohnpfändungen nicht dazu führen, dass man den Schuldenbereinigungsplan nicht erfüllen kann.

> ***Praxis-Tipp:***
>
> *Rechnen Sie während des Zahlungszeitraums mit neuen Schulden, sollten Sie zur Sicherung des laufenden Schuldenbereinigungsplans einen Treuhänder einsetzen.*

3

Ablehnung des Vergleichs durch Gläubigermehrheit

Stimmt die Gläubiger- oder Kapitalmehrheit dem gerichtlichen Einigungsversuch nicht zu, gilt das Verfahren an dieser Stelle als gescheitert. Im Gegensatz zur Gläubigerminderheit kann das Insolvenzgericht die Zustimmung der Gläubigermehrheit durch Beschluss nicht ersetzen. Gleiches gilt, wenn die Gläubiger bezüglich der Ablehnungsgründe keine weiteren Aussagen treffen. Das Verbraucherinsolvenzverfahren ist nun mit dem Insolvenzverfahren fortzusetzen.

4.

Insolvenzverfahren

Grundsätzliches

Nachdem der gerichtliche Einigungsversuch gescheitert ist und ein vollständiger Eröffnungsantrag vom Schuldner vorliegt, wird das Insolvenzverfahren eröffnet. Das Insolvenzgericht bestimmt für die Durchführung eines Insolvenzverfahrens einen Insolvenzverwalter. Dieser führt die Verfahrensschritte bis zur Entscheidung über die Annahme des Verfahrens durch. So werden auch die rechtlichen Möglichkeiten des Schuldners besser genutzt.

Einsatz des Insolvenzverwalters

Das Insolvenzgericht beauftragt per Beschluss einen Insolvenzverwalter mit der Durchführung des Insolvenzverfahrens. Wesentliche Aufgaben des Insolvenzverwalters sind:

- Begutachtung und Verwertung des Vermögens zugunsten der Insolvenzmasse
- Verteilung der Insolvenzmasse an Insolvenzgläubiger
- Annahme der Forderungsanmeldungen der Gläubiger und Prüfung der Forderungen (z. B. Verjährung)
- Eintragung der Forderungen in die Forderungstabelle
- Feststellen der Befriedigungsquote der Insolvenzgläubiger
- Durchführung von Anfechtungen von Rechtshandlungen innerhalb der Rückschlagsperre (siehe Seite 45)
- Abhaltung des Berichts- und Schlusstermins
- Erstellung des Insolvenzplans
- Prüfung von Aussonderungs- oder Absonderungsrechten der Insolvenzgläubiger

Prüfung der Befreiungsfähigkeit der Forderungen

Der Insolvenzverwalter prüft die angemeldeten Forderungen auch danach, ob diese im Rahmen der Insolvenzordnung restschuldbefreit werden können.

Folgende Forderungen sind von der Restschuldbefreiung der Insolvenzgläubiger ausgenommen:

- Geldstrafen
- Verbindlichkeiten des Schuldners aus zinslosen Darlehen, die zur Befriedigung der Kosten des Insolvenzverfahrens dienen
- Geldbußen
- Ordnungsgelder
- Zwangsgelder
- Nebenfolgen aus einer Straftat oder Ordnungswidrigkeit

Die nachfolgenden Forderungen werden nur dann nicht restschuldbefreit, wenn der Gläubiger diese nach § 174 Abs. 2 InsO zur Insolvenztabelle angemeldet hat:

- Forderungen aus einer vorsätzlich begangenen unerlaubten Handlung
- Forderungen aus rückständigem gesetzlichen Unterhalt, wenn diese vorsätzlich und pflichtwidrig nicht gewährt wurden
- Steuerschulden aus Steuerstraftaten, wenn der Schuldner rechtskräftig verurteilt worden ist

Anfechtung von Rechtshandlungen

Wie in der obigen Aufzählung erwähnt, kann der Insolvenzverwalter Rechtshandlungen der Insolvenzgläubiger oder des Schuldners mit dem Ziel anfechten, dass die sich daraus ergebenden Mittel wieder der Insolvenzmasse zugeführt werden. Welche Rechtshandlungen angefochten werden dürfen, ergibt sich insbesondere aus der Insolvenzordnung (§ 129 ff. InsO). Demnach sind vor allem folgende Rechtshandlungen, die einem Insolvenzgläubiger eine Sicherung oder Befriedigung gewähren oder ermöglichen, anfechtbar:

- Wenn sie in den letzten drei Monaten vor dem Antrag auf Eröffnung des Insolvenzverfahrens vorgenommen worden sind, der Schuldner zur Zeit der Handlung zahlungsunfähig war und der Gläubiger zu dieser Zeit die Zahlungsunfähigkeit kannte.

Beispiel:

Anfechtbare Rechtshandlung innerhalb der letzten drei Monate vor Antrag auf Eröffnung des Insolvenzverfahrens

Das Finanzamt pfändet während des Verlaufs des gerichtlichen Verfahrens das Girokonto des Schuldners Dieter Klein, obwohl es von der Zahlungsunfähigkeit des Herrn Klein wusste und vom Insolvenzgericht über den gerichtlichen Einigungsversuch unterrichtet worden war. Die Pfändung erbrachte dem Finanzamt eine Gutschrift von 1.000 EUR. Dieses Geld sollte der Insolvenzmasse zur Verfügung gestellt werden. Einen Monat später kam der Antrag auf Eröffnung des Insolvenzverfahrens zur Wirkung.

Der Insolvenzverwalter kann diese Pfändung anfechten, da das Finanzamt die Pfändung innerhalb der dreimonatigen Frist ausgebracht hat und von der Zahlungsunfähigkeit wusste. Das Finanzamt muss die 1.000 EUR wieder an den Insolvenzverwalter auskehren.

- Wenn sie nach dem Eröffnungsantrag vorgenommen worden ist und der Gläubiger zur Zeit der Handlung die Zahlungsunfähigkeit oder den Eröffnungsantrag kannte.

Wichtig: Der Gesetzgeber geht bei den dem Schuldner nahestehenden Personen davon aus, dass diese von der Zahlungsunfähigkeit oder dem Eröffnungsantrag wussten.

Als nahestehende Personen gelten hier insbesondere:
- der Ehegatte/Lebenspartner
- Verwandte des Schuldners oder des Ehegatten/Lebenspartners in aufsteigender Linie
- Personen, die in häuslicher Gemeinschaft mit dem Schuldner leben (z. B. Freundin, Pflegekinder)

Das bedeutet: Wenn der Schuldner eine Rechtshandlung – wie zuvor beschrieben – mit einer nahestehenden Person vornimmt, braucht der Insolvenzverwalter nicht nachweisen, dass diese Person von der Zahlungsunfähigkeit oder von dem Eröffnungsantrag wusste.

Ein Lebenspartner gilt auch dann als nahestehende Person, wenn die Lebenspartnerschaft erst nach der Handlung eingegangen oder im letzten Jahr vor der Handlung aufgelöst wurde.

Beispiel:

Anfechtbare Rechtshandlung mit nahestehenden Personen innerhalb der letzten drei Monate vor Antrag auf Eröffnung des Insolvenzverfahrens

Die Lebensgefährtin des Schuldners Hansi Wetter hatte ihrem Freund aus ihrem Vermögen ein Darlehen in Höhe von 10.000 EUR gewährt. Nachdem ihr Freund zahlungsunfähig geworden war, verzichtete sie zunächst auf den Ausgleich ihrer Forderung, da sie davon ausgegangen war, dass die Gläubiger den außergerichtlichen Vergleich des Freundes annehmen werden. Nachdem allerdings auch der gerichtliche Vergleich gescheitert ist, ließ sie sich eine Woche vor Eröffnung des Insolvenzverfahrens den Pkw des Herrn Wetter zur Sicherheit übertragen. Herr Wetter lebt mit seiner Lebensgefährtin gemeinsam in einer Wohnung.

Diese Übertragung ist vom Insolvenzverwalter anfechtbar, da sie innerhalb der dreimonatigen Frist getätigt wurde. Hier muss der Insolvenzverwalter allerdings nicht nachweisen, dass die Lebensgefährtin nichts von der Zahlungsunfähigkeit des Herrn Wetter wusste, da sie als nahestehende Person mit Herrn Wetter die häusliche Gemeinschaft teilt.

Anfechtbar sind auch Rechtshandlungen, die einem Insolvenzgläubiger eine Sicherung oder Befriedigung gewähren oder ermöglichen, die dieser nicht in der Art oder nicht zu der Zeit zu beanspruchen hatte (sog. inkongruente Deckung). Hierbei handelt es sich beispielsweise um Übersicherungen eines Gläubigers. Entscheidend ist auch hier, dass der Gläubiger von der Zahlungsunfähigkeit oder von dem Eröffnungsantrag wusste.

Beispiel:

Anfechtung wegen Übersicherung

Die FF-Bank AG hatte dem Schuldner Fred Becker ein Darlehen in Höhe von 10.000 EUR gewährt. Herr Becker, der ein kleines Transportunternehmen betrieb, benötigte dieses Geld, um ein weiteres Fahrzeug an-

> zuschaffen. Die Bank verlangte zunächst keine Sicherheiten. Als der Bank allerdings bekannt wurde, dass der Insolvenzverwalter den Fuhrpark verwerten wolle, ließ sie sich von Herrn Klein alle Fahrzeuge des Fuhrparks zur Sicherheit übertragen.
>
> Der Insolvenzverwalter kann diese Handlung anfechten. Zum einen war der Bank bekannt, dass bei Herrn Klein eine Zahlungsunfähigkeit eingetreten ist, zum anderen übersteigt die Sicherung die eigentliche
> 4 Forderung der Bank.

Bezüglich der Anfechtung wegen inkongruenter Deckung kann die Handlung nur angefochten werden, wenn eine der folgenden Bedingungen erfüllt ist:

- Die Handlung ist im letzten Monat vor dem Antrag auf Eröffnung des Insolvenzverfahrens vorgenommen worden.
- Die Handlung ist innerhalb des zweiten oder dritten Monats vor dem Eröffnungsantrag vorgenommen worden und der Schuldner war zur Zeit der Handlung zahlungsunfähig.
- Die Handlung ist innerhalb des zweiten oder dritten Monats vor dem Eröffnungsantrag vorgenommen worden und dem Gläubiger war zur Zeit der Handlung bekannt, dass sie die anderen Insolvenzgläubiger benachteiligen würde.

Auch bei dieser Anfechtungsart gilt bezüglich nahestehender Personen das oben Genannte. Weiterhin sind Rechtshandlungen des Schuldners anfechtbar, wenn diese Insolvenzgläubiger unmittelbar benachteiligen. Im Gegensatz zu den oben genannten Anfechtungstatbeständen geht hier die Initiative vom Schuldner und nicht vom Gläubiger aus. Das bedeutet, dass hier der Insolvenzverwalter nachweisen muss, dass der durch die Rechtshandlung Begünstigte (z. B. Käufer) wusste, dass der Schuldner zahlungsunfähig war oder ein Insolvenzverfahren eröffnet worden ist. Auch hier gelten wieder besondere Fristen, in denen die Handlung vorgenommen worden sein muss:

- Die Handlung muss entweder innerhalb der letzten drei Monate vor dem Antrag auf Eröffnung des Insolvenzverfahrens oder
- nach dem Eröffnungsantrag vorgenommen worden sein.

Bezüglich nahestehender Personen gilt auch hier das oben Genannte.

Beispiel:

Unmittelbar nachteilige Rechtshandlungen

Die Schuldnerin Christine Josef befindet sich wegen ihrer Zahlungsunfähigkeit derzeit im gerichtlichen Einigungsverfahren. Von diesem Verfahren erfährt auch der Autohändler Fritz Fix. Herr Fix ist nicht Gläubiger von Frau Josef. Da Herr Fix ein schnelles gutes Geschäft mit der Hilflosigkeit der Schuldnerin machen will, schlägt er ihr vor, dass er ihren Pkw zum Preis von 1.000 EUR kaufen würde. Sie könne das Geld ja gut für die Kosten oder für die Insolvenzmasse verwenden. Frau Josef braucht das Geld für die Kosten und stimmt dem Angebot zu. Allerdings hat der Pkw im Zeitpunkt des Verkaufs einen Wert von 4.000 EUR. Zwei Monate nach dem Verkauf wird das Insolvenzverfahren eröffnet. Der Pkw steht immer noch bei Händler Fix.

Der Insolvenzverwalter kann die Rechtshandlung des Verkaufs durch die Schuldnerin anfechten, da sie innerhalb von drei Monaten vor Eröffnung des Insolvenzverfahrens durchgeführt wurde, die Insolvenzgläubiger durch den Verkauf unmittelbar benachteiligt werden und der Käufer von der Zahlungsunfähigkeit der Schuldnerin wusste. Durch den Verkauf mindert sich die Insolvenzmasse erheblich. Der Käufer muss das Fahrzeug an den Insolvenzverwalter herausgeben.

Weiterhin sind Rechtshandlungen des Schuldners anfechtbar, wenn er diese mit dem Vorsatz der Benachteiligung durchgeführt hat. Hierbei handelt es sich allerdings um einen sehr schweren Anfechtungstatbestand, da die Beweisführung meist sehr schwierig ist. Die Schwierigkeit ergibt sich aus den dafür vorgesehenen Betrachtungszeiträumen, die bis zu zehn Jahre betragen können. Trotz der schwierigen Beweisführung möchte ich Sie dennoch auf diese Möglichkeit hinweisen.

Bezüglich der vorsätzlichen Beteiligung gilt das Folgende:

- Anfechtbar ist eine Rechtshandlung, die der Schuldner in den letzten zehn Jahren vor dem Antrag auf Eröffnung des Insolvenzverfahrens oder nach diesem Antrag mit dem Vorsatz, seine Gläubiger zu benachteiligen, vorgenommen hat. Dies gilt aber nur, wenn der Empfänger des Vorteils von dem Vorsatz zur Zeit der Handlung wusste. Die Kenntnis über den Vorsatz wird zu Ungunsten des Schuldners vermutet, wenn der Empfänger des Vorteils im Zeitpunkt der Handlung wusste, dass eine Zahlungsunfähigkeit beim Schuldner droht und die Gläubiger benachteiligt würden.

Beispiel:

Vorsätzliche Minderung des Vermögens durch Veräußerung

Zwei Jahre vor der Eröffnung des Insolvenzverfahrens veräußert der Schuldner Bernd Trott sein unbebautes Grundstück an seinen Freund Gerd Krupp. Im Zeitpunkt der Veräußerung war klar, dass bei Herrn Trott eine Zahlungsunfähigkeit eintreten wird. Da er von dem Insolvenzverfahren wusste, bat er Gerd Krupp, das Grundstück zu kaufen und den Kaufpreis erst nach Beendigung des Insolvenzverfahrens und nach erteilter Restschuldbefreiung zu zahlen. Mit dem Geld wollte Herr Trott einen neuen Anfang starten. Herr Krupp wusste somit, dass Bernd Trott vorsätzlich das Grundstück bzw. den Kaufpreis aus der Insolvenzmasse heraushalten und die Gläubiger somit benachteiligen wollte.

Der Insolvenzverwalter kann die Veräußerung anfechten, da Herr Trott die Gläubiger vorsätzlich benachteiligen will und der Käufer Gerd Krupp von der vorsätzlichen Benachteiligung, zumindest aber von der eintretenden Zahlungsunfähigkeit wusste.

- Veräußert der Schuldner an eine nahestehende Person eine Sache, kann diese Veräußerung angefochten werden, wenn der entgeltliche Vertrag innerhalb von zwei Jahren vor Eröffnung des Insolvenzverfahrens geschlossen wurde und die Gläubiger dadurch benachteiligt werden. Wie oben gilt, dass auch hier der Vorsatz der Gläubigerbenachteiligung vorliegen muss und der Empfänger von der vorsätzlichen Gläubigerbenachteiligung wusste.

Beispiel:

Veräußerung an eine nahestehende Person

Beispiel wie zuvor, jedoch handelt es sich beim Käufer um den Sohn des Herrn Trott und die Veräußerung wurde ein Jahr vor der Eröffnung des Insolvenzverfahrens getätigt.

Auch hier kann der Insolvenzverwalter die Veräußerung aus den im obigen Beispiel genannten Gründen anfechten.

Anfechtbar sind aber auch Schenkungen des Schuldners. Dies gilt, wenn diese innerhalb von vier Jahren vor dem Antrag auf Eröffnung des Insolvenzverfahrens vorgenommen worden und keine gebräuchlichen Gelegenheitsgeschenke von geringem Wert sind. Im Gegensatz zu den bisherigen Anfechtungstatbeständen geht es hier weder um den Beweis einer Benachteiligung noch um die Frage, ob eine vorsätzliche Handlung die Insolvenzgläubiger benachteiligt. Bei der Schenkungsanfechtung geht es allein um die Tatsache, dass der Schuldner durch die Schenkung sein Vermögen erheblich gemindert und dies zur Minderung der Insolvenzmasse geführt hat. Der Empfänger der Leistung muss nichts über den Stand des Vermögens des Schuldners gewusst haben. Entsprechend hat das Insolvenzgericht hier zu entscheiden, ob der Beschenkte den Schenkungsgegenstand (auch Geld) zurückgeben muss, damit er in die Insolvenzmasse aufgenommen werden kann.

Beispiel:

Gläubigerbenachteiligung wegen einer Schenkung

Ein Jahr vor Eröffnung des Insolvenzverfahrens verschenkt der Schuldner Peter Petersen ein unbebautes Grundstück an seine Schwester. Bei diesem Grundstück handelt es sich um den einzigen Vermögenswert des Herrn Petersen.

Der Insolvenzverwalter kann diese Schenkung anfechten, da sie innerhalb des vierjährigen Zeitraums vorgenommen wurde. Entscheidend dürfte hier sein, dass es sich bei dem Grundstück um den einzigen Vermögensgegenstand des Herrn Petersen handelt.

Die Ausführungen zur Anfechtung lassen schnell den Eindruck entstehen, dass im Prinzip jede Anfechtung des Insolvenzverwalters zum Erfolg führt. Dem ist nicht so. Anhand meiner eigenen Erfahrungen kann ich feststellen, dass Anfechtungen wegen der schwierigen Beweislage häufig nicht zum Erfolg führen. Dies gilt insbesondere dann, wenn die Rechtshandlungen zwischen Ehegatten vorgenommen werden. Hier muss in ganz besonderem Maße nachgewiesen werden, dass der Ehegatte von der Verschuldung gewusst hat und die Übernahme des Gegenstands nicht auf der Sicherung des eigenen Lebensunterhalts beruht.

Sind alle Streitigkeiten über Vermögenswerte, Einkommen und Forderungen beigelegt, stellt der Insolvenzverwalter fest, welche Vermögenswerte, Einkommen und Forderungen an dem Verfahren teilnehmen.

4

Gebühren des Insolvenzverwalters

Der Insolvenzverwalter erhält für seine Tätigkeit eine Gebühr, nämlich folgende Vergütungen:

- Mindestbetrag von 1.000 EUR
- 40 Prozent von den ersten 25.000 EUR der Insolvenzmasse
- 50 Prozent vom Mehrbetrag bis 50.000 EUR
- 15 Prozent Auslagenersatz im ersten Jahr
- 10 Prozent Auslagenersatz ab dem zweiten Jahr
- die Umsatzsteuer

Der Mindestbetrag von 1.000 EUR mindert sich auf 800 EUR, wenn die geeignete Person oder Stelle die nach § 305 Abs. 1 Nr. 3 InsO erforderlichen Unterlagen erstellt hat. Es handelt sich hierbei um das Vermögensverzeichnis, die Vermögensübersicht, das Gläubigerverzeichnis und das Forderungsverzeichnis.

Weiterhin erhöht sich die Mindestvergütung um 150 EUR je angefangene fünf Gläubiger, wenn der Schuldner mehr als zehn, aber weniger als 30 Gläubiger hat. Ab dem 31. Gläubiger erhöht sich die Mindestvergütung um 100 EUR je angefangene fünf Gläubiger.

An dieser Stelle sei nochmals an die Verfahrenskostenstundung erinnert (siehe Seite 18).

Prüfung des Restschuldbefreiungsantrags

Bereits an dieser Stelle des Verfahrens erfolgt die Prüfung, ob der Restschuldbefreiungsantrag zulässig ist. Das ist der Fall, wenn

- dem Schuldner in den letzten elf Jahren (seit 01.01.2021, davor zehn Jahre) vor dem Antrag auf Eröffnung des Insolvenzverfahrens oder nach diesem Antrag Restschuldbefreiung erteilt worden ist, oder

- dem Schuldner die Restschuldbefreiung in den letzten fünf Jahren vor dem Antrag auf Eröffnung des Insolvenzverfahrens oder nach diesem Antrag nach § 297 InsO wegen Insolvenzstraftaten versagt worden ist.

Weiterhin wird die Restschuldbefreiung versagt, wenn dem Schuldner in den letzten drei Jahren vor Eröffnung des Insolvenzverfahrens oder nach diesem Antrag die Restschuldbefreiung aus folgenden Gründen versagt worden ist:

- Die Auskunfts- und Mitwirkungspflichten nach der Insolvenzordnung wurden grob fahrlässig verletzt.
- Die Versicherung des Schuldners, dass seine Angaben hinsichtlich der Zulässigkeit des Restschuldbefreiungsantrags richtig sind (§ 287 Abs. 1 Satz 3 InsO), wurde nicht abgegeben.
- Der Schuldner hat in den Verzeichnissen seines Vermögens und seines Einkommens, seiner Gläubiger und der gegen ihn gerichteten Forderungen vorsätzlich oder grob fahrlässig unrichtige oder unvollständige Angaben gemacht.
- Der Schuldner hat schuldhaft die Erwerbsobliegenheiten (§ 287b InsO) verletzt und dadurch die Befriedigung der Insolvenzgläubiger beeinträchtigt.
- Der Schuldner hat gegen die Obliegenheitsverpflichtungen verstoßen (siehe Seite 41).

Ist ein Antrag nach der Prüfung durch das Insolvenzgericht zulässig, stellt es per Beschluss fest, dass der Schuldner eine Restschuldbefreiung erlangen kann, wenn die Bedingungen des Verfahrens erfüllt sind (siehe Seite 124).

> ***Praxis-Tipp:***
>
> *Wird die Restschuldbefreiung durch das Insolvenzgericht versagt, besteht die Möglichkeit der sofortigen Beschwerde gegen den Beschluss.*

Berichtstermin

Der Berichtstermin wird zu Beginn des Insolvenzverfahrens durchgeführt. Der Insolvenzverwalter berichtet hier im Wesentlichen über die wirtschaftliche Lage des Schuldners und seine bisherigen Feststellungen. Weiterhin wird er über die Möglichkeiten eines Insolvenzplans sprechen und darüber, welche Befriedigungsaussichten die Insolvenzgläubiger haben.

Die Insolvenzgläubiger und der Schuldner haben hier die Gelegenheit zur Stellungnahme oder zur Abstimmung von Rechtshandlungen des Insolvenzverwalters.

Schlusstermin

Der Schlusstermin ist der abschließende Termin des Insolvenzverfahrens, danach beginnt die eigentliche Wohlverhaltensphase. Er dient im Wesentlichen:

- der Erörterung der Schlussrechnung der Insolvenzverwalters
- der Besprechung von Einwendungen der Insolvenzgläubiger gegen das Schlussverzeichnis
- der Entscheidung über nicht verwertbare Gegenstände der Insolvenzmasse

Ergeben sich keine Einwendungen, endet das Insolvenzverfahren nach dem Termin und die nächste Stufe beginnt.

Einsatz des Treuhänders

Nach der Beendigung des Insolvenzverfahrens setzt das Insolvenzgericht nun einen Treuhänder ein, der die abgetretenen Einkommen während der Wohlverhaltensphase annimmt, verwaltet und entsprechend des aufgestellten Insolvenzplans an die Insolvenzgläubiger verteilt.

Während der Wohlverhaltensphase übernimmt der Treuhänder folgende Aufgaben:

- Unterrichtung des zur Zahlung Verpflichteten über die Abtretung der pfändbaren Einkommen an den Treuhänder (z. B. Arbeitgeber)
- Sammlung der pfändbaren Beträge und sonstigen Einkommen des Schuldners

- Verteilung der erhaltenen Beträge gemäß dem aufgestellten und vom Insolvenzgericht beschlossenen Schlussverzeichnis
- Auszahlung der Durchhalteprämien an den Schuldner
- Überwachung der Obliegenheitspflichten des Schuldners, sofern der Treuhänder damit beauftragt wurde

Nach Ablauf der Wohlverhaltensphase hat der Treuhänder folgende Aufgaben wahrzunehmen:

- Abgabe eines Berichts zur Durchführung der Restschuldbefreiung
- Bericht über die Versagung der Restschuldbefreiung, wenn die Mindestvergütung des Treuhänders nicht gedeckt ist
- Bericht bezüglich des Verfahrens zum Widerruf der Restschuldbefreiung

Die Treuhändergebühren

Auch der vom Insolvenzgericht eingesetzte Treuhänder arbeitet nicht kostenfrei. Für seine Tätigkeit während der Wohlverhaltensphase erfolgt die Vergütung nach § 293 InsO in Verbindung mit den §§ 14 ff. InsVV. Bemessungsgrundlage für die Höhe der Vergütungsbeträge ist die Summe der Beträge, welche sich aufgrund der Abtretungsbeträge des Schuldners ergeben und im Verlauf der gesamten Wohlverhaltensphase eingehen. Hierzu kommen noch die Beträge, die der Treuhänder auf andere Weise zur Befriedigung der Gläubiger erhält.

Die Vergütung ist wie folgt zu berechnen:

- 5 Prozent von den ersten 25.000 EUR
- 3 Prozent vom Mehrbetrag bis 50.000 EUR
- 1 Prozent von über 50.000 EUR hinausgehenden Beträgen

Sind die Beträge gering, erhält der Treuhänder einen jährlichen Mindestbetrag von 100 EUR.

Neben der Vergütung für seine eigentliche Treuhändertätigkeit bezieht er weitere Vergütungen, wenn er von den Gläubigern mit zusätzlichen Aufgaben, beispielsweise mit der Überwachung der Obliegenheiten, beauftragt wird.

Zwangsvollstreckungsmaßnahmen

Gemäß § 89 InsO sind Zwangsvollstreckungsmaßnahmen während des Verlaufs des Insolvenzverfahrens durch die beteiligten Insolvenzgläubiger verboten. Das hat zur Folge, dass spätestens zu Beginn der Eröffnung des Insolvenzverfahrens alle laufenden Zwangsvollstreckungsmaßnahmen durch das Gericht aufgehoben werden.

> ***Praxis-Tipp:***
>
> *Zur Unterstützung und Beschleunigung des Verfahrens sollte der Schuldner dem Insolvenzgericht mitteilen, welche Zwangsvollstreckungsmaßnahmen noch gegen ihn ausgebracht sind.*

5.

Wohlverhaltensphase

Die Wohlverhaltensphase beginnt

Ist das Eröffnungsverfahren abgeschlossen, beginnt nun der Lauf der Wohlverhaltensphase, die nach ihrem Abschluss zur Restschuldbefreiung führen soll. Für Verfahren, die seit dem 01.10.2020 beantragt wurden bzw. werden, ist die Laufzeit der Wohlverhaltensphase auf drei Jahre geregelt.

Die Wohlverhaltensphase endet grundsätzlich nach Ablauf von drei Jahren.

Wurde eine Restschuldbefreiung erteilt, gehört das neue Vermögen nicht mehr zur Insolvenzmasse.

Beispiel:

Nachträgliches Vermögen

Angenommen, Herbert Glück hat nach drei Jahren die Verfahrenskosten ausgeglichen und eine Restschuldbefreiung erhalten. Ein Jahr nach der Erteilung der Restschuldbefreiung gewinnt er 20.000 EUR im Lotto.

Da er den Lottogewinn nach der erteilten Restschuldbefreiung erzielt hat, darf Herr Glück den Gewinn behalten.

Die Zeit zwischen dem Antrag auf Eröffnung des Verfahrens und dem Schlussverteilungstermin wird auf die Wohlverhaltensphase angerechnet. Diese Regelung bezüglich des Beginns der Wohlverhaltensphase schützt den Schuldner vor den Auswirkungen längerer Eröffnungsverfahren. Entsprechend kann man hier von einer für den Schuldner vorteilhaften Regelung sprechen. So beginnt die Wohlverhaltensphase eigentlich schon mit dem Eingang des Eröffnungsantrags beim Amtsgericht.

Während der Wohlverhaltensphase hat ein vom Gericht bestellter Treuhänder die Aufgabe, die abgetretenen Einkommensanteile auf einem Konto zu sammeln und am jeweiligen Jahresende (auch andere Vereinbarung möglich) gemäß dem beschlossenen Verteilungsplan auf die Gläubiger aufzuteilen. Seine Vergütung sowie seine Auslagen behält er in aller Regel von den abgetretenen Einkommen ein.

Die Aufgabe des Schuldners in dieser Phase besteht darin, die Obliegenheitspflichten nach § 295 InsO zu erfüllen (vgl. hierzu Seite 41). Ein Verstoß gegen diese Pflichten kann, wie auch beim außergerichtlichen Vergleich, zur Versagung der Restschuldbefreiung führen. Hier allerdings sind die Folgen schlimmer, da ein neues förmliches Insolvenzverfahren erst nach Ablauf von drei Jahren möglich ist (siehe Seite 114). Es sollte somit ein Verstoß gegen die Obliegenheitspflichten unbedingt vermieden werden.

Praxis-Tipp:

Melden Sie grundsätzlich alle Veränderungen in den Einkommens-, Vermögens- und Familienverhältnissen. Die Meldung sollte sowohl an das Insolvenzgericht als auch an den Treuhänder gerichtet werden. Hier gilt: Besser eine Meldung zu viel als eine zu wenig!

Schuldnerberatung: die Adresse für Rat und Zuspruch

Da die Wohlverhaltensphase lang ist und den Schuldner zusätzlich dazu zwingt, mit sehr wenig Geld auskommen zu müssen, ist es zu empfehlen, einen Haushaltsplan aufzustellen. Dieser Haushaltsplan soll helfen, die geringen Mittel so zu verteilen, dass keine weiteren Schwierigkeiten auftreten. Bei der Aufstellung des Haushaltsplans können beispielsweise soziale Einrichtungen helfen. Der Schuldner kann sich aber auch an eine Schuldnerberatung wenden. Gerade solche Einrichtungen können aufgrund ihrer Erfahrungen mit vielen nützlichen Tipps helfen.

Neben der finanziellen Schuldnerberatung können die Schuldnerberatungsstellen auch eine soziale Beratung durchführen. Sie ist immer dann notwendig, wenn die hohe Belastung zu familiären Problemen führt. Nach den Erfahrungen der Verbraucher- und Schuldnerberatungen lässt sich die Wohlverhaltensphase nur durchhalten, wenn die gesamte Familie an einem Strang zieht. Streitigkeiten oder Vorwürfe führen hier nur zu zusätzlichen Belastungen. Schuldner sollten demnach nach Möglichkeit die Hilfestellung von Schuldnerberatungen oder anderen sozialen Einrichtungen nutzen.

> ***Praxis-Tipp:***
>
> *Nutzen Sie die Einrichtungen der Verbraucher- und Schuldnerberatungen bezüglich der häuslichen und sozialen Beratung.*

Neue Schulden vermeiden

Neue Verbindlichkeiten in der Wohlverhaltensphase werden nicht von der Restschuldbefreiung erfasst. Wer neue Verbindlichkeiten während der Wohlverhaltensphase schafft, die erneut nicht ausgeglichen werden können, muss nach Ablauf des laufenden Verfahrens ein neues Verfahren anstreben. Allerdings ist hier nur ein außergerichtlicher Vergleich möglich, da ein förmliches Verfahren wegen der Sperrfrist von zehn Jahren nicht sofort wieder eröffnet werden kann (siehe Seite 114).

Haben Schuldner laufende Unterhaltsverpflichtungen gegenüber einer unterhaltsberechtigten Person, müssen diese aus dem unpfändbaren Teil des Einkommens aufgebracht werden. Eine Beteiligung bzw. ein quotenmäßiger Abgleich durch den Treuhänder findet nicht statt. Leistet der Schuldner während der Wohlverhaltensphase keine Unterhaltszahlungen an den Berechtigten, baut dieser über den gesamten Zeitraum wieder neue Schulden auf.

Beispiel:

Nichtzahlung von Unterhalt während der Wohlverhaltensphase

Der Schuldner Ludwig Meier befindet sich derzeit in der Wohlverhaltensphase. Der pfändbare Teil des Einkommens ist an den Treuhänder abgetreten. Aus der Ehe mit Frau Else Meier resultiert das gemeinsame Kind Jennifer. Gegenüber Jennifer ist Herr Meier mit monatlich 150 EUR zum Unterhalt verpflichtet. Diesen Unterhalt zahlt Herr Meier nicht, da er der Meinung ist, zu dieser Zahlung in der Wohlverhaltensphase nicht verpflichtet zu sein.

Aufgrund der Nichtzahlung des Unterhalts baut Herr Meier eine neue Schuld in Höhe von 10.800 EUR auf. Dies kann dazu führen, dass eine neue Zahlungsunfähigkeit eintritt.

6.

Am Ziel: Restschuldbefreiung

Geschafft: Eine Zukunft ohne Schuldenlast

Ist die Wohlverhaltensphase nach drei Jahren abgelaufen, hat das Insolvenzgericht zu entscheiden, ob die bei Antragstellung in Aussicht gestellte Restschuldbefreiung eintreten soll. Bevor die eigentliche Entscheidung getroffen wird, hört das Insolvenzgericht nochmals die Insolvenzgläubiger, den Insolvenzverwalter oder Treuhänder und den Schuldner an. Im Rahmen dieser Anhörung erhält somit jeder der Beteiligten nochmals die Gelegenheit, Sachverhalte vorzubringen, die eine Restschuldbefreiung versagen können. Auf Antrag eines Insolvenzgläubigers kann aus folgenden Gründen die Restschuldbefreiung versagt werden:

- Es liegen Versagungsgründe nach § 290 InsO vor (siehe Seite 114).
- Der Schuldner hat im Zeitraum zwischen der Beendigung des Insolvenzverfahrens und dem Ende der Abtretungsfrist (Wohlverhaltensphase) gegen seine Obliegenheitspflichten verstoßen, wodurch die Insolvenzmasse zulasten der Insolvenzgläubiger geschmälert worden ist (Ausnahme: Der Schuldner kann nachweisen, dass ihn kein Verschulden trifft.).
- Der Schuldner verweigert eine eidesstattliche Versicherung im Zusammenhang mit seinen Obliegenheiten oder gibt sie nicht rechtzeitig ab.
- Der Schuldner wurde im Zeitraum zwischen der Beendigung des Insolvenzverfahrens und dem Ende der Abtretungsfrist (Wohlverhaltensphase) oder im Zeitraum zwischen dem Eröffnungsantrag und der Beendigung des Insolvenzverfahrens wegen einer Straftat nach § 283c StGB rechtskräftig zu einer Geldstrafe von mehr als 90 Tagessätzen oder einer Freiheitsstrafe von mehr als drei Monaten verurteilt.
- Der Schuldner hat die Vergütung des Treuhänders nicht ausgeglichen (Ausnahme: Stundungsfälle nach § 4a InsO).

Wie oben bereits beschrieben, geht die Initiative zu einer Versagung grundsätzlich von den Insolvenzgläubigern aus. Sie müssen den entsprechenden Antrag stellen und begründen. Einzige Ausnahme hiervon ist die Treuhänderzahlung. Hier geht die Initiative vom Treuhänder aus. Der jeweilige Antrag muss von den Antragstellern begründet sein. Eine schlichte Behauptung genügt nicht immer, dennoch reicht es, wenn der Insolvenzgläubiger seine Gründe glaubhaft darstellt. Trotzdem sollte der Schuldner das nicht auf die leichte Schulter nehmen und meinen, ein gestellter Antrag erledige sich ohne sein Zutun von selbst.

Die Versagungsgründe nach § 290 InsO (siehe Seite 114) werden bereits mit dem Eröffnungsantrag geprüft, da diese auch schon vor der Eröffnung vorlagen. Mit dieser Regelung soll vermieden werden, dass dem Schuldner zu Beginn etwas in Aussicht gestellt wird, was er später aufgrund der Regelungen des § 290 InsO gar nicht erhalten kann.

Alle weiteren Versagungsgründe können erst nach Ablauf der Wohlverhaltensphase geprüft werden, da diese nach den Regelungen der Insolvenzordnung nur maßgeblich sind, wenn sie zwischen dem Eröffnungsantrag und der Beendigung des Insolvenzverfahrens oder zwischen der Beendigung des Insolvenzverfahrens und dem Ablauf der Abtretungsfrist eingetreten sind.

Wurde die Treuhändervergütung nicht gezahlt, wird die Restschuldbefreiung erst versagt, wenn der Schuldner trotz nochmaliger Zahlungsaufforderung diese nicht leistet. Sollte der Fall eintreten, dass die Zahlung wegen fehlender Mittel nicht erfolgen kann, sei an dieser Stelle an die Verfahrenskostenstundung (siehe Seite 18) erinnert. Diese Möglichkeit sollte man auch nutzen, wenn das ganze Verfahren nicht umsonst gewesen sein soll.

Stimmen die Insolvenzgläubiger und der Insolvenzverwalter oder Treuhänder dem Antrag zu bzw. können sie keine sachlichen Gründe vorbringen, die gegen eine Restschuldbefreiung sprechen, kann die Restschuldbefreiung erteilt werden.

Wichtig: Mit Urteil vom 03.12.2009 hat der BGH (Az. IX ZB 247/08) entschieden, dass die Entscheidung über die Restschuldbefreiung nach Ablauf von sechs Jahren ab Eröffnung des Insolvenzverfahrens ergehen muss – auch und vor allem dann, wenn das Verfahren noch nicht beendet ist. Dieses Urteil ist nach Ansicht des Autors auch auf die Restschuldbefreiung nach drei Jahren analog anzuwenden.

Neuerwerb: Was ist mit Vermögenszuwächsen?

Der eine oder andere wird sich jetzt vielleicht fragen, was mit Vermögenszuwächsen geschieht, die im Zeitraum zwischen dem Ende der Abtretungsphase und der rechtskräftigen Entscheidung über die Restschuldbefreiung anfallen. In diesem Fall spricht man vom sogenannten Neuerwerb im laufenden Insolvenzverfahren. Wird dem Schuldner eine Restschuldbefreiung erteilt, erhält er den sogenannten Neuerwerb, das heißt das Vermögen, welches er im Zeitraum zwischen dem Ende der Abtretungsfrist und der rechtskräftigen Erteilung der Restschuldbefreiung erworben hat, nach Abzug der Treuhänder- oder Insolvenzverwalterauslagen vollständig ausgezahlt.

Beispiel:

Auszahlung des Neuerwerbs

Paula Neumann hat im Juli 2021 das Ende der Abtretungsfrist erreicht und 20 Prozent ihrer Schulden an die Insolvenzgläubiger getilgt. Im August 2021 gewinnt sie 10.000 EUR im Lotto. Die Restschuldbefreiung wird per Beschluss im Oktober 2021 rechtskräftig.

Die 10.000 EUR werden zunächst vom Insolvenzverwalter bis zur Rechtskräftigkeit des Beschlusses verwaltet. Da der Gewinn nach Ablauf der Abtretungsfrist angefallen ist, zählt er nicht mehr zur Insolvenzmasse und wird im Oktober 2021 nach Abzug der Verwalteraufwendungen an Frau Neumann ausgekehrt.

Nicht zum Neuerwerb in diesem Sinne gehören Vermögenswerte der Insolvenzmasse, die erst nach Ablauf der Abtretungsfrist oder Erteilung der Restschuldbefreiung verwertet werden. Die Erlöse hieraus fließen weiterhin der Insolvenzmasse zu und werden an die Insolvenzgläubiger verteilt.

Wirkung der Restschuldbefreiung

Die eigentliche Restschuldbefreiung wird per Beschluss des Insolvenzgerichts vorgenommen. Allerdings haben der Schuldner und jeder Gläubiger das Recht, gegen diesen Beschluss das Rechtsmittel der

Beschwerde einzulegen, wenn der Schuldner oder der entsprechende Gläubiger im Anhörungsverfahren die Versagung der Restschuldbefreiung beantragt hat.

Liegt eine wirksame Beschwerde vor, wird der Beschluss erst wirksam, wenn das Insolvenzgericht über die Beschwerde abschließend entschieden hat. Wird der Beschwerde stattgegeben, ist vom Insolvenzgericht zu prüfen, ob die vorgebrachten Versagungsgründe eine Restschuldbefreiung ausschließen oder eine Nachbesserung erfolgen kann.

Ist der Beschluss über die Restschuldbefreiung wirksam, entfaltet er gegenüber allen Beteiligten folgende Wirkung:

- Die nicht ausgeglichenen und zu Beginn der Verfahrenseröffnung bestandenen Forderungen der Insolvenzgläubiger gegen den Schuldner können nicht mehr gegen diesen vollstreckt werden. Das gilt auch für die Forderungen von Gläubigern, die sich nicht an dem Verfahren beteiligen wollten.
- Der Schuldner wird auch von Regressansprüchen, die Mitschuldner und Bürgen gegen ihn haben, befreit. Gleiches gilt für andere Rückgriffsrechte.
- Der Schuldner wird gegenüber den Bürgen, Mitschuldnern oder anderen Rückgriffsberechtigten von Forderungen befreit.
- Der Beschluss wirkt gegen alle Insolvenzgläubiger.
- Der Beschluss wirkt gegen alle Gläubiger, die ihre Forderungen nicht angemeldet haben.

Wichtig: Die Rechte der Insolvenzgläubiger gegenüber anderen Mitschuldnern oder Bürgen des Schuldners bleiben bestehen, das heißt, andere Verpflichtete werden nicht befreit.

Ausgenommene Forderungen

Auch wenn das Insolvenzgericht nach einem erfolgreichen Verbraucherinsolvenzverfahren eine Restschuldbefreiung erteilt, gilt diese nicht für alle Forderungen. Einige Forderungen bleiben in ihrer vollen Höhe weiter bestehen und müssen vom Schuldner ausgeglichen werden.

Es handelt sich um folgende Forderungen der Gläubiger:

- Forderungen aus einer vorsätzlich begangenen unerlaubten Handlung (z. B. Bußgelder, Strafen, Schadensersatz)
- rückständiger Unterhalt, den der Schuldner vorsätzlich pflichtwidrig nicht gewährt hat
- hinterzogene Steuern, sofern der Schuldner wegen dieser Steuerstraftat nach §§ 370, 373 oder 374 AO rechtskräftig verurteilt worden ist
- Geldstrafen, Geldbußen, Ordnungsgelder, Zwangsgelder und Nebenfolgen einer Straftat oder Ordnungswidrigkeiten, die zu einer Geldzahlung verpflichten
- Verbindlichkeiten aus zinslosen Darlehen, die dem Schuldner zur
 Begleichung der Kosten des Insolvenzverfahrens gewährt wurden

Voraussetzung ist allerdings, dass der Insolvenzgläubiger die obigen Forderungen gemäß § 174 Abs. 2 InsO angemeldet hat.

Nachträglicher Widerruf

Die Restschuldbefreiung kann allerdings widerrufen werden, wenn sich innerhalb eines Jahres nach der Rechtskraft der Entscheidung herausstellt, dass der Schuldner

- eine seiner Obliegenheiten vorsätzlich verletzt hat und diese Verletzung die Befriedigung der Insolvenzgläubiger erheblich beeinflusst hat,
- während der Abtretungsfrist wegen einer Straftat nach §§ 283 bis 283c StGB verurteilt worden ist (siehe Seite 20),
- nach Erteilung der Restschuldbefreiung Auskunfts- und Mitwirkungspflichten vorsätzlich oder grob fahrlässig verletzt hat, sofern diese ihm nach der Insolvenzordnung obliegen.

Der entsprechende Antrag muss von einem Gläubiger gestellt werden. Der Gläubiger muss die Antragsbegründung glaubhaft darstellen.

Wird dem Schuldner der Verstoß nachgewiesen, wird der Restschuldbefreiungsbeschluss nachträglich aufgehoben. Das hat zur Folge, dass alle Verbindlichkeiten wieder in voller Höhe valutieren und die Gläubiger sofort wieder gegen den Schuldner vollstrecken können.

Ein erneutes Restschuldbefreiungsverfahren ist erst nach Ablauf der Sperrfrist möglich.

Ist die nachträgliche Widerrufsfrist abgelaufen oder wurde der Widerrufsantrag zurückgewiesen, ist das Verfahren endgültig beendet.

Besonderheit: Absonderungsrechte

Hatte ein Gläubiger bereits vor Eintritt in das Verfahren ein Absonderungsrecht an bestimmten Vermögensgegenständen des Schuldners, bleibt dies weiterhin bestehen. Der Gläubiger hat diesbezüglich die Möglichkeit, diesen gesicherten Gegenstand aus der Insolvenzmasse zu seinen Gunsten ausschließen zu lassen. Er behält somit das Recht, diesen Gegenstand auch nach der erfolgten Restschuldbefreiung noch zu verwerten. Paradebeispiel für solche Absonderungsrechte sind die Sicherungshypotheken bei Grundvermögenswerten.

7.

Insolvenzplanverfahren

Unterschied zum Verbraucherinsolvenzverfahren

Wer sich nicht die Mühe eines außergerichtlichen Einigungsversuchs machen und nicht die dreijährige Wohlverhaltensphase bis zur Restschuldbefreiung abwarten will, der kann auch ein Insolvenzplanverfahren beantragen. Bei einer einfachen Schuldensituation kann das Verfahren bereits nach einem Jahr beendet sein. Allerdings sind die Verfahrenskosten etwas höher.

Nicht nur für Unternehmer

Ziel des Insolvenzplans ist die Sanierung von Unternehmen und Vermögen natürlicher Personen. Vorteil eines Insolvenzplans ist, dass die Gläubiger im Rahmen eines Insolvenzplanverfahrens meist bessergestellt sind als beispielsweise in einem Verbraucherinsolvenzverfahren.

Schuldner sollte sich neben der Masse Geld beschaffen können

Der Schuldner kann den Gläubigern im Insolvenzplanverfahren verschiedene Zahlungsmöglichkeiten anbieten. Die erfolgversprechendste ist die Einmalzahlung. Dabei bietet der Schuldner den Gläubigern einen Einmalbetrag an. In der Wahl der Höhe ist er frei. Sie sollte aber so gewählt werden, dass die Gläubiger mindestens den Betrag erhalten, den sie bei einer dreijährigen Abtretungsphase eines Verbraucherinsolvenzverfahrens erhalten würden.

Einmalzahlungen mit einer Quote von 4 bis 7 Prozent der Schulden sind keine Seltenheit.

Insolvenzgericht entscheidet über den Plan

Der vom Schuldner oder dessen Anwalt erstellte Insolvenzplan muss dem Insolvenzgericht vorgelegt werden. Das Insolvenzgericht entscheidet dann darüber, ob der Plan realistisch ist. Entspricht der Plan den Vorschriften, wird er den Gläubigern zur Abstimmung vorgelegt.

Lehnen die Gläubiger den Plan ab, hat der Schuldner die Möglichkeit das Verbraucherinsolvenzverfahren in Anspruch zu nehmen. Stimmen die Gläubiger dem Plan zu, muss der Schuldner den Plan erfüllen und ist gemäß § 227 InsO von seinen Schulden befreit.

Große Chance für den Schuldner

Das Besondere am Insolvenzplanverfahren ist, dass nur die Gläubigerstimmen gezählt werden, die auch bei Abstimmungstermin anwesend sind. Bei Gläubigern, die zum Abstimmungstermin nicht erscheinen, wird die Zustimmung vom Insolvenzgericht unterstellt.

Wo liegt nun die Chance?

Erfahrungsgemäß nehmen nur größere Gläubiger wie Banken oder das Finanzamt an den Abstimmungen teil. Diese Gläubiger können aus wirtschaftlicher Sicht ohne größere Bedenken auf Forderungen verzichten und sind schneller bereit, ihre Zustimmung zu erteilen. Zudem kommen diese Verfahren dort in sehr großer Häufigkeit vor.

Gläubiger stimmen bei logischen Plänen zu

Insolvenzverfahren und vor allem die Überwachung und Buchung der Zahlungseingänge kosten den Gläubigern Geld. Von daher wird es sehr gerne gesehen, wenn man den Sachverhalt kostengünstig erledigen kann.

Vor- und Nachteile des Insolvenzplanverfahrens

Vorteile	Nachteile
Das Verfahren ist erheblich kürzer als ein Verbraucherinsolvenzverfahren.	Der Schuldner muss über Mittel verfügen, die die Gläubiger nicht schlechter stellen, als bei einem Verbraucherinsolvenzverfahren.
Es ist eine Einmalzahlung möglich.	Die Kosten für ein Insolvenzplanverfahren sind höher als bei einem Verbraucherinsolvenzverfahren.
Die Erfüllungsquote liegt durchschnittlich bei nur 4 bis 7 Prozent.	

Ist fremde Hilfe erforderlich?

Die Erstellung eines Insolvenzplans ist oft mit hohem Aufwand verbunden. Zwar besteht keine Vertretungspflicht, jedoch ist, je nach Anzahl der Gläubiger oder der Masse des Schuldnervermögens, anzuraten, auf eine rechtliche Beratung und Beistand nicht zu verzichten.

7

8.

Hilfreiche Adressen

Bei Fragen zum Verbraucherinsolvenzverfahren

> *Wer eine kostengünstige Beratung möchte, wendet sich an die Schuldnerberatungsstellen oder an andere Einrichtungen wie Caritas, Paritätischer Wohlfahrtsverband, Arbeiterwohlfahrt oder Landratsämter.*
> *Schuldnerberatungsstellen in der Nähe des Wohnorts findet man über die genannten Anschriften, im Internet oder in den Gelben Seiten.*

Bundesarbeitsgemeinschaft Schuldnerberatung e. V.
Markgrafendamm 24 (Haus SFm)
10245 Berlin
Tel.: 030/346 55 666 0
www.bag-sb.de

Bundesministerium für Familie, Senioren, Frauen und Jugend
Glinkastraße 24

10117 Berlin
Tel.: 030/1 85 80-0
www.bmfsfj.de

Bundesministerium der Justiz
Mohrenstraße 37
10117 Berlin
Tel.: 030/1 85 80-0
www.bmjv.de

Verbraucherzentralen

Internet: www.verbraucherzentrale.info (Deutschlandverzeichnis)

Verbraucherzentrale Baden-Württemberg e. V.
Paulinenstraße 47
70178 Stuttgart
Tel.: 07 11/66 91 10
www.verbraucherzentrale-bayern.de

Verbraucherzentrale Berlin e. V.
Ordensmeisterstraße 15–16
12099 Berlin
Tel.: 030/214 85-0
www.vz-berlin.de

Verbraucherzentrale Bayern e. V.
Mozartstraße 9
80336 München
Tel.: 089/55 27 94-0
www.verbraucherzentrale-bayern.de

Verbraucherzentrale Brandenburg e. V.
Babelsberger Straße 12
14473 Potsdam
Tel.: 0331/29 87 10
www.verbraucherzentrale-brandenburg.de

Verbraucherzentrale des Landes Bremen e. V.
Altenweg 4
28195 Bremen
Tel.: 0421/16 07 77
www.verbraucherzentrale-bremen.de

Verbraucherzentrale Hamburg e. V.
Kirchenallee 22
20099 Hamburg
Tel.: 040/2 48 32-0
www.vzhh.de

Verbraucherzentrale Hessen e. V.
Große Friedberger Straße 13–17
60313 Frankfurt am Main
Tel.: 069/97 20 10-900
www.verbraucherzentrale-hessen.de

Verbraucherzentrale Mecklenburg-Vorpommern e. V.
Strandstraße 98
18055 Rostock
Tel.: 0381/20 87-0
www.verbraucherzentrale-mv.eu

Verbraucherzentrale Niedersachsen e. V.
Herrenstraße 14
30159 Hannover
Tel.: 0511/9 11 96-0
www.verbraucherzentrale-niedersachsen.de

Verbraucherzentrale Nordrhein-Westfalen e. V.
Mintropstraße 27
40215 Düsseldorf
Tel.: 0211/3 80 90
www.verbraucherzentrale.nrw

Verbraucherzentrale Rheinland-Pfalz e. V.
Seppel-Glückert-Passage 10
55116 Mainz
Tel.: 06131/28 48-0
www.verbraucherzentrale-rlp.de

Verbraucherzentrale des Saarlandes e. V.
Trierer Straße 22
66111 Saarbrücken
Tel.: 0681/5 00 89-0
www.verbaucherzentrale-saarland.de

Verbraucherzentrale Sachsen e. V.
Katharinenstraße 17
04109 Leipzig
Tel.: 0341/696 290
www.verbraucherzentrale-sachsen.de

Verbraucherzentrale Sachsen-Anhalt e. V.
Steinbockgasse 10
6108 Halle
Tel.: 0345/2 98 03 29
www.verbraucherzentrale-sachsen-anhalt.de

Verbraucherzentrale Schleswig-Holstein e. V.
Hopfenstraße 29
24103 Kiel
Tel.: 0431/590 99-0
www.verbraucherzentrale.sh

Verbraucherzentrale Thüringen e. V.
Eugen-Richter-Straße 45
99085 Erfurt
Tel.: 0361/5 55 14-0
www.vzth.de

9.

Musterbriefe und Pfändungstabelle

Musterbriefe

1. Anforderung einer Forderungsaufstellung

Grundsätzlich kann ein Schreiben an einen Gläubiger frei formuliert werden. Eine besondere Form ist nicht verlangt. Das bedeutet für Sie, dass die Anforderung einer Forderungsaufstellung für jeden Gläubiger gleichlautend formuliert werden kann. Sie können also den Brief einmal ohne Anschrift formulieren und entsprechend der Anzahl der Gläubiger kopieren. Tragen Sie dann die entsprechenden Anschriften nach.

Musterbrief

Lieschen Müller
Hopfenweg 44
45000 Essen

per Einschreiben

An das
Finanzamt Essen
Postfach
45200 Essen

Essen, ...

Anforderung einer Forderungsaufstellung
Steuernummer 110/5555/4321

Sehr geehrte Damen und Herren,
leider bin ich aufgrund der vielen Forderungen an meine Person nicht mehr in der Lage, meine Verbindlichkeiten zu erfüllen. Ich beabsichtige daher, in Kürze von dem Verbraucherinsolvenzverfahren Gebrauch zu machen. Im Rahmen des außergerichtlichen Einigungsverfahrens bitte ich Sie höflichst um eine genaue Aufstellung Ihrer Forderungen. Die Forderungsaufstellung sollte nach Möglichkeit in Hauptforderung, Kosten und Zinsen getrennt gegliedert sein. Weiterhin bitte ich um Mitteilung, welche der Forderungen tituliert sind und für welche Forderungen eventuell Pfändungen ausgebracht oder Abtretungen erteilt worden sind.

Um Übersendung Ihrer Forderungsaufstellung bis zum

10.01.20...

wird gebeten.

Mit freundlichen Grüßen

2. Verjährung

Ist bei einer an Sie gerichteten Forderung eine Verjährung eingetreten, ist dies dem Gläubiger schriftlich mitzuteilen.

Sachverhalt: Klaus Klein hatte vor vier Jahren bei der Firma Jung eine umfangreiche Reparatur an seinem Auto durchführen lassen. Da Herr Klein jetzt, vier Jahre später, einen außergerichtlichen Einigungsversuch anstrebt, bittet er die Firma Jung um eine Forderungsaufstellung. Erst jetzt fällt der Firma Jung auf, dass sie die Forderung bisher nicht angemahnt hat. Entsprechend wurden auch keine Vollstreckungsmaßnahmen eingeleitet. Obwohl eine Verjährung eingetreten ist, meldet die Firma Jung Herrn Klein die offene Forderung.

Musterbrief

9

Klaus Klein
Friedensstraße 4
20001 Hamburg

per Einschreiben

Firma Jung
Elbchaussee 24–27
20023 Hamburg

Hamburg, ...

Zahlungsverjährung Ihrer Forderung
Ihr Schreiben vom ....

Sehr geehrte Damen und Herren,

mit Ihrem Schreiben vom .... teilten Sie mir mit, dass Sie noch eine Forderung in Höhe von .... EUR aus Reparaturleistungen an meinem Pkw gegen mich haben.

Nach der Überprüfung meiner Unterlagen stelle ich fest, dass bezüglich Ihrer Forderung eine Zahlungsverjährung eingetreten ist. Die Verjährungsfrist für die Forderung begann mit Ablauf des Jahres 20... und endete am 31.12.20..., da Sie keine verjährungshemmenden Maßnahmen eingeleitet haben.
Ich teile Ihnen mit, dass dementsprechend Ihre Forderung nicht mehr anerkannt wird. Sollten Sie hiermit nicht einverstanden sein, bitte ich um Mitteilung, wann und wo Sie die Forderung letztmalig nachweislich geltend gemacht haben.

Mit freundlichen Grüßen

3. Antrag auf Erlass von Säumniszuschlägen

Musterbrief

Lieschen Müller
Hopfenweg 44
45000 Essen

per Einschreiben

An das
Finanzamt Essen
Postfach
45200 Essen

Essen, ...

Antrag auf Erlass der Säumniszuschläge
Steuernummer 110/5555/4321

Sehr geehrte Damen und Herren,
leider bin ich aufgrund der vielen Forderungen an meine Person nicht mehr in der Lage, meine Verbindlichkeiten zu erfüllen. Ich beabsichtige daher, in Kürze von dem Verbraucherinsolvenzverfahren Gebrauch zu machen. Aufgrund meiner Zahlungsunfähigkeit beantrage ich den hälftigen Erlass der entstandenen Säumniszuschläge.

Ich bin seit dem ...... zahlungsunfähig. Wie Sie aus der Anlage ersehen können, wurde aus diesem Grund bereits ... (z. B. mein Konto) gepfändet. Auch erlaubt mein derzeitiges Einkommen in Höhe von ... EUR keine ausreichenden Tilgungsbeträge.

Mit freundlichen Grüßen

4. Zahlungsplan an gleichrangige Gläubiger

Sachverhalt: Der Insolvenzschuldner Friedrich Lange schuldet der Firma Otte noch 2.000 EUR. Das pfändbare Einkommen beträgt monatlich 140 EUR. Gemäß den Ermittlungen erhält die Firma Otte eine Forderungsquote von 15 Prozent.

Musterbrief

Friedrich Lange
Königsstraße 13
45000 Essen

per Einschreiben

Firma
Otte
Wertweg 300
50000 Köln

Essen, ...

Vergleichsvorschlag im Sinne des Verbraucherinsolvenzverfahrens

Sehr geehrte Damen und Herren,
leider ist bei mir seit dem ... nachweislich wegen meiner hohen Gesamtverschuldung eine Zahlungsunfähigkeit eingetreten. Dennoch möchte ich versuchen, meine Verbindlichkeiten in einem gewissen Rahmen zu tilgen. Im Sinne der Verbraucherinsolvenzregelung möchte ich Sie bitten, den folgenden Vergleichsvorschlag auf der Grundlage der beiliegenden Anlagen zu akzeptieren:
Entsprechend der in der Anlage befindlichen Berechnungen habe ich für Sie eine Forderungsquote in Höhe von 15 Prozent des pfändbaren

9

Betrags von 140 EUR (gemäß § 850c ZPO) errechnet. Die Rückführung der Schuld erfolgt nach Ihrer Zustimmung in 36 gleichen Monatsraten. Nach Ablauf des Zahlungszeitraums müssten Sie auf 236 EUR Ihrer Forderung verzichten.
Die Raten sind jeweils bis zum 10. des Monats fällig. Der pfändbare Betrag ist monatlich anzupassen, wenn sich das monatliche Einkommen um mehr als 10 Prozent oder der pfändbare Betrag sich aufgrund der familiären Verhältnisse verändert. Sollte ich meine bisherige Arbeitsstelle ohne Eigenverschulden verlieren, liegt kein Verstoß gegen den Vergleichsvorschlag vor, wenn ich die Obliegenheiten im Sinne des § 295 InsO erfülle. Zur Sicherung Ihrer Interessen verpflichte ich mich, Ihnen auf Verlangen meine Einkommensnachweise vorzulegen.
Weiteres verwertbares Vermögen liegt nicht vor. Ich bitte Sie nochmals um Zustimmung, da ein außergerichtlicher Vergleich nur dann Erfolg hat, wenn alle Gläubiger zustimmen.

Mit freundlichen Grüßen

5. Zahlungsplan bei nur einem Gläubiger

Ist nur ein Gläubiger vorhanden, können Sie sich grundsätzlich etwas kürzer als in den übrigen Schreiben fassen. Jedoch müssen auch hier alle Rahmenpunkte enthalten sein.

Sachverhalt: Gerd Kripp hat bei der Centrums Bank Verbindlichkeiten in Höhe von 40.000 EUR. Die Centrums Bank ist der einzige Gläubiger des Herrn Kripp (Forderungsquote: 100 Prozent). Aufgrund der Zinsvereinbarungen ist es Herrn Kripp nicht mehr möglich, diese Schulden auf normalem Weg auszugleichen. Die Schuldnerberatungsstelle stellt nach Prüfung der Unterlagen fest, dass bei Herrn Kripp eine Zahlungsunfähigkeit eingetreten ist. Der pfändbare Teil des Einkommens beträgt 135 EUR.

Musterbrief

Gerd Kripp
Grunestraße 200
44006 Bochum

per Einschreiben mit Rückschein

Centrums Bank
Lindenallee 3–8
44001 Bochum

Bochum, ...

Vergleichsvorschlag im Sinne des Verbraucherinsolvenzverfahrens

Sehr geehrte Damen und Herren,
aufgrund des hohen Valutastands Ihrer Forderung bin ich seit dem ... nachweislich zahlungsunfähig geworden. Im Rahmen eines außergerichtlichen Vergleichs möchte ich allerdings einen Teil Ihrer Forderung begleichen. Gemäß den Regelungen zur Verbraucherinsolvenz haben Sie bei einem vereinfachten Insolvenzverfahren Anspruch auf eine dreijährige Tilgung der Forderung. Da kein weiteres Vermögen vorhanden ist, erhalten Sie monatlich den pfändbaren Teil meines Einkommens gemäß § 850c ZPO.
Nach Ablauf des Zahlungszeitraums müssten Sie auf 28.660 EUR Ihrer Forderung verzichten.
Die Raten sind jeweils bis zum 10. des Monats fällig. Der pfändbare Betrag ist monatlich anzupassen, wenn sich das monatliche Einkommen um mehr als 10 Prozent oder der pfändbare Betrag sich aufgrund der familiären Verhältnisse verändert. Sollte ich meine bisherige Arbeitsstelle ohne Eigenverschulden verlieren, liegt kein Verstoß gegen den Vergleichsvorschlag vor, wenn ich die Obliegenheiten im Sinne des § 295 InsO erfülle. Zur Sicherung Ihrer Interessen verpflichte ich mich, Ihnen auf Verlangen meine Einkommensnachweise vorzulegen.
Ich bitte Sie nochmals um Zustimmung, da ein außergerichtlicher Vergleich weitere Kosten für ein gerichtliches Verfahren vermeidet.

Mit freundlichen Grüßen

6. Zahlungsplan bei einmaligem Ausgleich der Forderung mit Verzichtserklärung

Ist eine Forderung so gering, dass es sich für eine Ratenzahlung nicht lohnt, kann der Schuldner – sofern Mittel vorhanden – auch vorschlagen, dass der Betrag in einer Summe gemäß der Forderungsquote gezahlt wird. Anders als bei den vorherigen Musterschreiben sollte eine Verzichtserklärung mit dem Schreiben verbunden werden. Achten Sie dabei darauf, dass Sie dieses in zweifacher Ausfertigung erstellen. Der Gläubiger muss Ihnen die Verzichtserklärung gegenzeichnen. Weiterhin ist das Schreiben mit einer Sicherungsklausel zu versehen.

Sachverhalt: Unter den Gläubigern des Insolvenzschuldners Hans Klein befindet sich die Firma Junghans mit einer Forderung von 1.125 EUR. Gemäß dem tabellarischen Zahlungsplan ist der Firma Junghans eine Forderungsquote von 10 Prozent zuzurechnen. Herr Klein möchte den Betrag von 112,50 EUR in einer Summe zu Beginn des Verfahrens ausgleichen.

Musterbrief

Hans Klein
Glücksstraße 39
66001 Saarbrücken

per Einschreiben mit Rückschein

Firma
Junghans
Hausweg 3
66876 Saarbrücken

Saarbrücken, ...

Vergleichsvorschlag im Sinne des Verbraucherinsolvenzverfahrens Verzichtserklärung

Sehr geehrte Damen und Herren,
leider ist bei mir seit dem ... nachweislich wegen meiner hohen Gesamtverschuldung eine Zahlungsunfähigkeit eingetreten. Dennoch möchte ich versuchen, meine Verbindlichkeiten in einem gewissen Rahmen zu

tilgen. Im Sinne der Verbraucherinsolvenzregelung möchte ich Sie bitten, den folgenden Vergleichsvorschlag auf der Grundlage der beiliegenden Anlagen zu akzeptieren:
Aufgrund des Schuldenbereinigungsplans ist Ihnen eine Forderungsquote von 10 Prozent zugerechnet worden. Gemäß der Berechnung bedeutet das, dass Sie leider nur einen Betrag von 112,50 EUR erhalten werden. Aufgrund der nur geringen Summe möchte ich diesen innerhalb von drei Monaten nach dem getroffenen Vergleich an Sie auszahlen.
Entsprechend der vorgenannten Gründe bitte ich um Unterzeichnung der folgenden Verzichtserklärung.

Verzichtserklärung

Wir, die Firma Junghans, verzichten auf die restliche Forderung in Höhe von 1.012,50 EUR, sofern der oben genannte Betrag auf unser Konto eingeht. Alle bisher entstandenen Kosten des Verfahrens sind ebenfalls Gegenstand des Erlasses. Die Verzichtserklärung erlischt, wenn die weiteren Gläubiger dem außergerichtlichen Einigungsversuch nicht zustimmen oder die vereinbarte Zahlung nicht eingeht. Weiterhin wird die Verzichtserklärung ungültig, wenn der Schuldner gegen die Obliegenheitspflichten im Sinne des § 295 InsO verstoßen hat und somit eine Restschuldbefreiung nicht zustande kommt.

Saarbrücken, ...

Firma Junghans Hans Klein

Achtung: Sollte ein Gläubiger im Besitz eines vollstreckbaren Titels sein oder die Abgabe der eidesstattlichen Versicherung veranlasst haben oder eine Bank sein, ist die Vergleichsvereinbarung um folgende Sätze zu ergänzen:
Der Gläubiger verpflichtet sich, nach Erhalt der vereinbarten Zahlung und ordnungsgemäßer Durchführung des Insolvenzverfahrens die vollstreckbare Ausfertigung des Schuldtitels an den Schuldner herauszugeben. Weiterhin verpflichtet sich der Gläubiger, eine Erledigungsmeldung an die SCHUFA zu geben und eine Löschungsbewilligung für das Schuldnerverzeichnis zu erteilen.

7. Antrag auf Heraufsetzung der Pfändungsfreigrenze

Wurden bereits Pfändungen gegen Lohn oder Gehalt ausgebracht, kann der Schuldner auch bei Bedarf die Pfändungsfreigrenze durch das Vollstreckungsgericht anheben lassen. Neben dem eigentlichen Antrag ist der Nachweis zu erbringen, dass es einer Heraufsetzung aus tatsächlichen Gründen bedarf.

Sachverhalt: Claudia Jung, ledig, ist überschuldet. Zu ihren Gläubigern zählen die CC Bank und die Firma Klasen. Beide Gläubiger haben gegen Frau Jung eine Lohnpfändung erwirkt. Da Frau Jung allerdings wegen ihres behinderten Kindes einen höheren Bedarf an Lebenshaltungskosten hat, wendet sie sich an das „Sozialamt". Das „Sozialamt" ermittelt das sozialrechtliche Existenzminimum nach SGB II und stellt fest, dass sich vom Einkommen der Frau Jung eigentlich keine pfändbaren Beträge ergeben dürften.

Musterbrief

Claudia Jung
Horster Straße 34
46501 Gelsenkirchen

An das
Amtsgericht Gelsenkirchen
– Vollstreckungsstelle –
Gelsenkirchener Straße 34–38
45622 Gelsenkirchen

Gelsenkirchen, ...

Antrag auf Anhebung der Pfändungsfreigrenze gemäß § 850f ZPO (Aktenzeichen: *sofern vorhanden*)

Sehr geehrte Damen und Herren,
hiermit beantrage ich die Anhebung der Pfändungsfreigrenze gemäß § 850f ZPO nach Maßgabe der beigefügten Bescheinigung des sozialrechtlichen Existenzminimums nach SGB II.

Der Antrag ist notwendig, da die Gläubiger
CC Bank, Essener Straße 34, 45601 Gelsenkirchen und
Firma Klasen, Hollweg 37, 45327 Essen,
aufgrund der beigefügten Pfändungs- und Überweisungsbeschlüsse mein Einkommen gepfändet haben.
Bis zur rechtskräftigen Entscheidung über meinen Antrag beantrage ich, die Zwangsvollstreckung ohne Festsetzung einer Sicherheitsleistung einzustellen.

Mit freundlichen Grüßen
Anlagen:
Bescheinigung des „Sozialamts"
Einkommensnachweise
Pfändungs- und Überweisungsbeschlüsse
Nachweis über die Haushaltsmitglieder
Mietnachweis
Aufstellung der Mietnebenkosten
Behindertenausweis
Aufstellung der zusätzlichen Kosten

Achtung: Der Antrag ist nicht an das Amtsgericht zu richten, wenn der Gläubiger eine öffentlich-rechtliche Körperschaft (z. B. Finanzamt) ist, sondern an diese direkt. Sie können aber den oben aufgeführten Antrag gleichermaßen benutzen.

8. Auszahlung des unpfändbaren Einkommens an die Bank (kein P-Konto beantragt)

Zahlt die Bank das Einkommen nicht aus, weil sie noch eigene Ansprüche (z. B. Überziehung des Dispokredits) hat, ist sie dazu nur insoweit berechtigt, wie sich pfändbare Beträge aus dem Einkommen ergeben. Werden wegen bestehender Abtretungen nur unpfändbare Beträge auf das Girokonto überwiesen, darf die Bank nicht aufrechnen. Das heißt, die Bank muss Ihr Einkommen trotz eigener Ansprüche auszahlen.

Sachverhalt: Friedrich Klöhn hat die pfändbaren Teile seines Einkommens an einen Treuhänder abgetreten. Der unpfändbare Teil des

Einkommens wird auf das Girokonto bei der Franken Bank überwiesen. Als Herr Klöhn dieses Einkommen von seinem Konto abheben will, eröffnet ihm die Bank, dass sie von ihrem Aufrechnungsrecht Gebrauch macht und keine Beträge bis zur Rückführung des Dispokredits auszahlen wird.

Musterbrief

Friedrich Klöhn
Friedrich-Ebert-Straße 23
45338 Essen

An die
Franken Bank
Lindenallee 7
45127 Essen

Essen, ...

Rechtswidrige Einhaltung der unpfändbaren Teile meines Einkommens
Kontonummer: 56 47 435

9

Sehr geehrte Damen und Herren,
leider musste ich feststellen, dass Sie wegen der Überziehung meines Dispokredits keine Auszahlungen von meinem Konto durchführen, da Sie von Ihrem Aufrechnungsrecht Gebrauch machen.
Die Aufrechnung ist nach § 394 BGB aber nur für die Beträge zulässig, die den pfändbaren Teil des Einkommens bilden. Die auf meinem Konto eingehenden Beträge sind gemäß § 850c ZPO unpfändbar. Die pfändbaren Teile sind bereits an einen Treuhänder abgetreten und werden direkt von meinem Arbeitgeber dorthin überwiesen.
Ich bitte um die umgehende Auszahlung meines unpfändbaren Einkommens. Sollten Sie sich weiterhin weigern, so werde ich eine entsprechende Klage im Sinne des § 850k ZPO gegen Sie einleiten.

Mit freundlichen Grüßen

9. Fehlen einer Gläubigerablehnung

Sollte ein Gläubiger es trotz Erinnerung versäumen, abzulehnen, ist der Eröffnungsantrag bezüglich des Gläubigerverzeichnisses mit einem Vermerk über die Haltung des Gläubigers zu versehen. Dabei sind die einzelnen Anschreiben dem Vermerk beizufügen.

Mustervermerk
Der Gläubiger Karl Stur hat trotz mehrfacher Aufforderung auf den außergerichtlichen Einigungsversuch nicht reagiert. Das Anschreiben ist den Unterlagen beigefügt.

Lohnpfändungstabelle

Arbeits- und Orientierungsgrundlage ist stets die aktuell gültige Lohnpfändungstabelle, hier mit den monatlichen Lohnzahlungen. Rechtskräftig zum Zeitpunkt des Erscheinens der 8. Auflage dieses Ratgebers ist die Lohnpfändungstabelle 2021.

Grundlage für die Berechnung der Pfändungsbeträge ist das monatliche Nettoeinkommen. Die Beträge auf der linken Seite stellen den monatlichen Nettolohn des Schuldners dar, die anderen Spalten bezeichnen die hiervon pfändbaren Beträge bezogen auf die Zahl der Personen, gegenüber denen der Schuldner unterhaltspflichtig ist.

Lohnpfändungstabelle

Beispiel:

Dieter Müller hat ein monatliches Nettoeinkommen von 2.060 EUR. Er ist gegenüber seiner Ehefrau und einem Kind unterhaltspflichtig. Der pfändbare Betrag nach der Tabelle beträgt somit monatlich 76,29 EUR.

9

	Pfändbarer Betrag bei Unterhaltspflicht für ... Personen					
Nettolohn monatlich	0	1	2	3	4	5 und mehr
in EUR						
bis 1.259,99	–	–	–	–	–	–
1.260,00 bis 1.269,99	5,15	–	–	–	–	–
1.270,00 bis 1.279,99	12,15	–	–	–	–	–
1.280,00 bis 1.289,99	19,15	–	–	–	–	–
1.290,00 bis 1.299,99	26,15	–	–	–	–	–
1.300,00 bis 1.309,99	33,15	–	–	–	–	–
1.310,00 bis 1.319,99	40,15	–	–	–	–	–
1.320,00 bis 1.329,99	47,15	–	–	–	–	–
1.330,00 bis 1.339,99	54,15	–	–	–	–	–
1.340,00 bis 1.349,99	61,15	–	–	–	–	–
1.350,00 bis 1.359,99	68,15	–	–	–	–	–
1.360,00 bis 1.369,99	75,15	–	–	–	–	–
1.370,00 bis 1.379,99	82,15	–	–	–	–	–
1.380,00 bis 1.389,99	89,15	–	–	–	–	–
1.390,00 bis 1.399,99	96,15	–	–	–	–	–

	Pfändbarer Betrag bei Unterhaltspflicht für ... Personen					
Nettolohn monatlich	0	1	2	3	4	5 und mehr
in EUR						
1.400,00 bis 1.409,99	103,15	–	–	–	–	–
1.410,00 bis 1.419,99	110,15	–	–	–	–	–
1.420,00 bis 1.429,99	117,15	–	–	–	–	–
1.430,00 bis 1.439,99	124,15	–	–	–	–	–
1.440,00 bis 1.449,99	131,15	–	–	–	–	–
1.450,00 bis 1.459,99	138,15	–	–	–	–	–
1.460,00 bis 1.469,99	145,15	–	–	–	–	–
1.470,00 bis 1.479,99	152,15	–	–	–	–	–
1.480,00 bis 1.489,99	159,15	–	–	–	–	–
1.490,00 bis 1.499,99	166,15	–	–	–	–	–
1.500,00 bis 1.509,99	173,15	–	–	–	–	–
1.510,00 bis 1.519,99	180,15	–	–	–	–	–
1.520,00 bis 1.529,99	187,15	–	–	–	–	–
1.530,00 bis 1.539,99	194,15	–	–	–	–	–
1.540,00 bis 1.549,99	201,15	–	–	–	–	–

	Pfändbarer Betrag bei Unterhaltspflicht für ... Personen					
Nettolohn monatlich	0	1	2	3	4	5 und mehr
in EUR						
1.550,00 bis 1.559,99	208,15	–	–	–	–	–
1.560,00 bis 1.569,99	215,15	–	–	–	–	–
1.570,00 bis 1.579,99	222,15	–	–	–	–	–
1.580,00 bis 1.589,99	229,15	–	–	–	–	–
1.590,00 bis 1.599,99	236,15	–	–	–	–	–
1.600,00 bis 1.609,99	243,15	–	–	–	–	–
1.610,00 bis 1.619,99	250,15	–	–	–	–	–
1.620,00 bis 1.629,99	257,15	–	–	–	–	–
1.630,00 bis 1.639,99	264,15	–	–	–	–	–
1.640,00 bis 1.649,99	271,15	–	–	–	–	–
1.650,00 bis 1.659,99	278,15	–	–	–	–	–
1.660,00 bis 1.669,99	285,15	–	–	–	–	–
1.670,00 bis 1.679,99	292,15	–	–	–	–	–
1.680,00 bis 1.689,99	299,15	–	–	–	–	–
1.690,00 bis 1.699,99	306,15	–	–	–	–	–

	Pfändbarer Betrag bei Unterhaltspflicht für ... Personen					
Nettolohn monatlich	0	1	2	3	4	5 und mehr
	in EUR					
1.700,00 bis 1.709,99	313,15	–	–	–	–	–
1.710,00 bis 1.719,99	320,15	–	–	–	–	–
1.720,00 bis 1.729,99	327,15	–	–	–	–	–
1.730,00 bis 1.739,99	334,15	2,96	–	–	–	–
1.740,00 bis 1.749,99	341,15	7,96	–	–	–	–
1.750,00 bis 1.759,99	348,15	12,96	–	–	–	–
1.760,00 bis 1.769,99	355,15	17,96	–	–	–	–
1.770,00 bis 1.779,99	362,15	22,96	–	–	–	–
1.780,00 bis 1.789,99	369,15	27,96	–	–	–	–
1.790,00 bis 1.799,99	376,15	32,96	–	–	–	–
1.800,00 bis 1.809,99	383,15	37,96	–	–	–	–
1.810,00 bis 1.819,99	390,15	42,96	–	–	–	–
1.820,00 bis 1.829,99	397,15	47,96	–	–	–	–
1.830,00 bis 1.839,99	404,15	52,96	–	–	–	–
1.840,00 bis 1.849,99	411,15	57,96	–	–	–	–

	Pfändbarer Betrag bei Unterhaltspflicht für ... Personen					
Nettolohn monatlich	**0**	**1**	**2**	**3**	**4**	**5 und mehr**
	in EUR					
1.850,00 bis 1.859,99	418,15	62,96	–	–	–	–
1.860,00 bis 1.869,99	425,15	67,96	–	–	–	–
1.870,00 bis 1.879,99	432,15	72,96	–	–	–	–
1.880,00 bis 1.889,99	439,15	77,96	–	–	–	–
1.890,00 bis 1.899,99	446,15	82,96	–	–	–	–
1.900,00 bis 1.909,99	453,15	87,96	–	–	–	–
1.910,00 bis 1.919,99	460,15	92,96	–	–	–	–
1.920,00 bis 1.929,99	467,15	97,96	–	–	–	–
1.930,00 bis 1.939,99	474,15	102,96	–	–	–	–
1.940,00 bis 1.949,99	481,15	107,96	–	–	–	–
1.950,00 bis 1.959,99	488,15	112,96	–	–	–	–
1.960,00 bis 1.969,99	495,15	117,96	–	–	–	–
1.970,00 bis 1.979,99	502,15	122,96	–	–	–	–
1.980,00 bis 1.989,99	509,15	127,96	–	–	–	–
1.990,00 bis 1.999,99	516,15	132,96	1,31	–	–	–

	Pfändbarer Betrag bei Unterhaltspflicht für ... Personen					
Nettolohn monatlich	**0**	**1**	**2**	**3**	**4**	**5 und mehr**
	in EUR					
2.000,00 bis 2.009,99	523,15	137,96	5,31	–	–	–
2.010,00 bis 2.019,99	530,15	142,96	9,31	–	–	–
2.020,00 bis 2.029,99	537,15	147,96	13,31	–	–	–
2.030,00 bis 2.039,99	544,15	152,96	17,31	–	–	–
2.040,00 bis 2.049,99	551,15	157,96	21,31	–	–	–
2.050,00 bis 2.059,99	558,15	162,96	25,31	–	–	–
2.060,00 bis 2.069,99	565,15	167,96	29,31	–	–	–
2.070,00 bis 2.079,99	572,15	172,96	33,31	–	–	–
2.080,00 bis 2.089,99	579,15	177,96	37,31	–	–	–
2.090,00 bis 2.099,99	586,15	182,96	41,31	–	–	–
2.100,00 bis 2.109,99	593,15	187,96	45,31	–	–	–
2.110,00 bis 2.119,99	600,15	192,96	49,31	–	–	–
2.120,00 bis 2.129,99	607,15	197,96	53,31	–	–	–
2.130,00 bis 2.139,99	614,15	202,96	57,31	–	–	–
2.140,00 bis 2.149,99	621,15	207,96	61,31	–	–	–

	Pfändbarer Betrag bei Unterhaltspflicht für ... Personen					
Nettolohn monatlich	0	1	2	3	4	5 und mehr
	in EUR					
2.150,00 bis 2.159,99	628,15	212,96	65,31	–	–	–
2.160,00 bis 2.169,99	635,15	217,96	69,31	–	–	–
2.170,00 bis 2.179,99	642,15	222,96	73,31	–	–	–
2.180,00 bis 2.189,99	649,15	227,96	77,31	–	–	–
2.190,00 bis 2.199,99	656,15	232,96	81,31	–	–	–
2.200,00 bis 2.209,99	663,15	237,96	85,31	–	–	–
2.210,00 bis 2.219,99	670,15	242,96	89,31	–	–	–
2.220,00 bis 2.229,99	677,15	247,96	93,31	–	–	–
2.230,00 bis 2.239,99	684,15	252,96	97,31	–	–	–
2.240,00 bis 2.249,99	691,15	257,96	101,31	–	–	–
2.250,00 bis 2.259,99	698,15	262,96	105,31	0,19	–	–
2.260,00 bis 2.269,99	705,15	267,96	109,31	3,19	–	–
2.270,00 bis 2.279,99	712,15	272,96	113,31	6,19	–	–
2.280,00 bis 2.289,99	719,15	277,96	117,31	9,19	–	–
2.290,00 bis 2.299,99	726,15	282,96	121,31	12,19	–	–

	Pfändbarer Betrag bei Unterhaltspflicht für ... Personen					
Nettolohn monatlich	**0**	**1**	**2**	**3**	**4**	**5 und mehr**
	in EUR					
2.300,00 bis 2.309,99	733,15	287,96	125,31	15,19	–	–
2.310,00 bis 2.319,99	740,15	292,96	129,31	18,19	–	–
2.320,00 bis 2.329,99	747,15	297,96	133,31	21,19	–	–
2.330,00 bis 2.339,99	754,15	302,96	137,31	24,19	–	–
2.340,00 bis 2.349,99	761,15	307,96	141,31	27,19	–	–
2.350,00 bis 2.359,99	768,15	312,96	145,31	30,19	–	–
2.360,00 bis 2.369,99	775,15	317,96	149,31	33,19	–	–
2.370,00 bis 2.379,99	782,15	322,96	153,31	36,19	–	–
2.380,00 bis 2.389,99	789,15	327,96	157,31	39,19	–	–
2.390,00 bis 2.399,99	796,15	332,96	161,31	42,19	–	–
2.400,00 bis 2.409,99	803,15	337,96	165,31	45,19	–	–
2.410,00 bis 2.419,99	810,15	342,96	169,31	48,19	–	–
2.420,00 bis 2.429,99	817,15	347,96	173,31	51,19	–	–
2.430,00 bis 2.439,99	824,15	352,96	177,31	54,19	–	–
2.440,00 bis 2.449,99	831,15	357,96	181,31	57,19	–	–

9

	Pfändbarer Betrag bei Unterhaltspflicht für ... Personen					
Nettolohn monatlich	**0**	**1**	**2**	**3**	**4**	**5 und mehr**
	in EUR					
2.450,00 bis 2.459,99	838,15	362,96	185,31	60,19	–	–
2.460,00 bis 2.469,99	845,15	367,96	189,31	63,19	–	–
2.470,00 bis 2.479,99	852,15	372,96	193,31	66,19	–	–
2.480,00 bis 2.489,99	859,15	377,96	197,31	69,19	–	–
2.490,00 bis 2.499,99	866,15	382,96	201,31	72,19	–	–
2.500,00 bis 2.509,99	873,15	387,96	205,31	75,19	–	–
2.510,00 bis 2.519,99	880,15	392,96	209,31	78,19	–	–
2.520,00 bis 2.529,99	887,15	397,96	213,31	81,19	1,59	–
2.530,00 bis 2.539,99	894,15	402,96	217,31	84,19	3,59	–
2.540,00 bis 2.549,99	901,15	407,96	221,31	87,19	5,59	–
2.550,00 bis 2.559,99	908,15	412,96	225,31	90,19	7,59	–
2.560,00 bis 2.569,99	915,15	417,96	229,31	93,19	9,59	–
2.570,00 bis 2.579,99	922,15	422,96	233,31	96,19	11,59	–
2.580,00 bis 2.589,99	929,15	427,96	237,31	99,19	13,59	–
2.590,00 bis 2.599,99	936,15	432,96	241,31	102,19	15,59	–

Nettolohn monatlich	Pfändbarer Betrag bei Unterhaltspflicht für ... Personen					
	0	1	2	3	4	5 und mehr
in EUR						
2.600,00 bis 2.609,99	943,15	437,96	245,31	105,19	17,59	–
2.610,00 bis 2.619,99	950,15	442,96	249,31	108,19	19,59	–
2.620,00 bis 2.629,99	957,15	447,96	253,31	111,19	21,59	–
2.630,00 bis 2.639,99	964,15	452,96	257,31	114,19	23,59	–
2.640,00 bis 2.649,99	971,15	457,96	261,31	117,19	25,59	–
2.650,00 bis 2.659,99	978,15	462,96	265,31	120,19	27,59	–
2.660,00 bis 2.669,99	985,15	467,96	269,31	123,19	29,59	–
2.670,00 bis 2.679,99	992,15	472,96	273,31	126,19	31,59	–
2.680,00 bis 2.689,99	999,15	477,96	277,31	129,19	33,59	–
2.690,00 bis 2.699,99	1.006,15	482,96	281,31	132,19	35,59	–
2.700,00 bis 2.709,99	1.013,15	487,96	285,31	135,19	37,59	–
2.710,00 bis 2.719,99	1.020,15	492,96	289,31	138,19	39,59	–
2.720,00 bis 2.729,99	1.027,15	497,96	293,31	141,19	41,59	–
2.730,00 bis 2.739,99	1.034,15	502,96	297,31	144,19	43,59	–
2.740,00 bis 2.749,99	1.041,15	507,96	301,31	147,19	45,59	–

	Pfändbarer Betrag bei Unterhaltspflicht für ... Personen					
Nettolohn monatlich	**0**	**1**	**2**	**3**	**4**	**5 und mehr**
			in EUR			
2.750,00 bis 2.759,99	1.048,15	512,96	305,31	150,19	47,59	–
2.760,00 bis 2.769,99	1.055,15	517,96	309,31	153,19	49,59	–
2.770,00 bis 2.779,99	1.062,15	522,96	313,31	156,19	51,59	–
2.780,00 bis 2.789,99	1.069,15	527,96	317,31	159,19	53,59	0,53
2.790,00 bis 2.799,99	1.076,15	532,96	321,31	162,19	55,59	1,53
2.800,00 bis 2.809,99	1.083,15	537,96	325,31	165,19	57,59	2,53
2.810,00 bis 2.819,99	1.090,15	542,96	329,31	168,19	59,59	3,53
2.820,00 bis 2.829,99	1.097,15	547,96	333,31	171,19	61,59	4,53
2.830,00 bis 2.839,99	1.104,15	552,96	337,31	174,19	63,59	5,53
2.840,00 bis 2.849,99	1.111,15	557,96	341,31	177,19	65,59	6,53
2.850,00 bis 2.859,99	1.118,15	562,96	345,31	180,19	67,59	7,53
2.860,00 bis 2.869,99	1.125,15	567,96	349,31	183,19	69,59	8,53
2.870,00 bis 2.879,99	1.132,15	572,96	353,31	186,19	71,59	9,53
2.880,00 bis 2.889,99	1.139,15	577,96	357,31	189,19	73,59	10,53
2.890,00 bis 2.899,99	1.146,15	582,96	361,31	192,19	75,59	11,53

9

Nettolohn monatlich	Pfändbarer Betrag bei Unterhaltspflicht für ... Personen					
	0	1	2	3	4	5 und mehr
in EUR						
2.900,00 bis 2.909,99	1.153,15	587,96	365,31	195,19	77,59	12,53
2.910,00 bis 2.919,99	1.160,15	592,96	369,31	198,19	79,59	13,53
2.920,00 bis 2.929,99	1.167,15	597,96	373,31	201,19	81,59	14,53
2.930,00 bis 2.939,99	1.174,15	602,96	377,31	204,19	83,59	15,53
2.940,00 bis 2.949,99	1.181,15	607,96	381,31	207,19	85,59	16,53
2.950,00 bis 2.959,99	1.188,15	612,96	385,31	210,19	87,59	17,53
2.960,00 bis 2.969,99	1.195,15	617,96	389,31	213,19	89,59	18,53
2.970,00 bis 2.979,99	1.202,15	622,96	393,31	216,19	91,59	19,53
2.980,00 bis 2.989,99	1.209,15	627,96	397,31	219,19	93,59	20,53
2.990,00 bis 2.999,99	1.216,15	632,96	401,31	222,19	95,59	21,53
3.000,00 bis 3.009,99	1.223,15	637,96	405,31	225,19	97,59	22,53
3.010,00 bis 3.019,99	1.230,15	642,96	409,31	228,19	99,59	23,53
3.020,00 bis 3.029,99	1.237,15	647,96	413,31	231,19	101,59	24,53
3.030,00 bis 3.039,99	1.244,15	652,96	417,31	234,19	103,59	25,53
3.040,00 bis 3.049,99	1.251,15	657,96	421,31	237,19	105,59	26,53

	Pfändbarer Betrag bei Unterhaltspflicht für ... Personen					
Nettolohn monatlich	0	1	2	3	4	5 und mehr
	in EUR					
3.050,00 bis 3.059,99	1.258,15	662,96	425,31	240,19	107,59	27,53
3.060,00 bis 3.069,99	1.265,15	667,96	429,31	243,19	109,59	28,53
3.070,00 bis 3.079,99	1.272,15	672,96	433,31	246,19	111,59	29,53
3.080,00 bis 3.089,99	1.279,15	677,96	437,31	249,19	113,59	30,53
3.090,00 bis 3.099,99	1.286,15	682,96	441,31	252,19	115,59	31,53
3.100,00 bis 3.109,99	1.293,15	687,96	445,31	255,19	117,59	32,53
3.110,00 bis 3.119,99	1.300,15	692,96	449,31	258,19	119,59	33,53
3.120,00 bis 3.129,99	1.307,15	697,96	453,31	261,19	121,59	34,53
3.130,00 bis 3.139,99	1.314,15	702,96	457,31	264,19	123,59	35,53
3.140,00 bis .3149,99	1.321,15	707,96	461,31	267,19	125,59	36,53
3.150,00 bis 3.159,99	1.328,15	712,96	465,31	270,19	127,59	37,53
3.160,00 bis 3.169,99	1.335,15	717,96	469,31	273,19	129,59	38,53
3.170,00 bis 3.179,99	1.342,15	722,96	473,31	276,19	131,59	39,53
3.180,00 bis 3.189,99	1.349,15	727,96	477,31	279,19	133,59	40,53
3.190,00 bis 3.199,99	1.356,15	732,96	481,31	282,19	135,59	41,53

	Pfändbarer Betrag bei Unterhaltspflicht für ... Personen					
Nettolohn monatlich	**0**	**1**	**2**	**3**	**4**	**5 und mehr**
			in EUR			
3.200,00 bis 3.209,99	1.363,15	737,96	485,31	285,19	137,59	42,53
3.210,00 bis 3.219,99	1.370,15	742,96	489,31	288,19	139,59	43,53
3.220,00 bis 3.229,99	1.377,15	747,96	493,31	291,19	141,59	44,53
3.230,00 bis 3.239,99	1.384,15	752,96	497,31	294,19	143,59	45,53
3.240,00 bis 3.249,99	1.391,15	757,96	501,31	297,19	145,59	46,53
3.250,00 bis 3.259,99	1.398,15	762,96	505,31	300,19	147,59	47,53
3.260,00 bis 3.269,99	1.405,15	767,96	509,31	303,19	149,59	48,53
3.270,00 bis 3.279,99	1.412,15	772,96	513,31	306,19	151,59	49,53
3.280,00 bis 3.289,99	1.419,15	777,96	517,31	309,19	153,59	50,53
3.290,00 bis 3.299,99	1.426,15	782,96	521,31	312,19	155,59	51,53
3.300,00 bis 3.309,99	1.433,15	787,96	525,31	315,19	157,59	52,53
3.310,00 bis 3.319,99	1.440,15	792,96	529,31	318,19	159,59	53,53
3.320,00 bis 3.329,99	1.447,15	797,96	533,31	321,19	161,59	54,53
3.330,00 bis 3.339,99	1.454,15	802,96	537,31	324,19	163,59	55,53
3.340,00 bis 3.349,99	1.461,15	807,96	541,31	327,19	165,59	56,53

	Pfändbarer Betrag bei Unterhaltspflicht für ... Personen					
Nettolohn monatlich	**0**	**1**	**2**	**3**	**4**	**5 und mehr**
	in EUR					
3.350,00 bis 3.359,99	1.468,15	812,96	545,31	330,19	167,59	57,53
3.360,00 bis 3.369,99	1.475,15	817,96	549,31	333,19	169,59	58,53
3.370,00 bis 3.379,99	1.482,15	822,96	553,31	336,19	171,59	59,53
3.380,00 bis 3.389,99	1.489,15	827,96	557,31	339,19	173,59	60,53
3.390,00 bis 3.399,99	1.496,15	832,96	561,31	342,19	175,59	61,53
3.400,00 bis 3.409,99	1.503,15	837,96	565,31	345,19	177,59	62,53
3.410,00 bis 3.419,99	1.510,15	842,96	569,31	348,19	179,59	63,53
3.420,00 bis 3.429,99	1.517,15	847,96	573,31	351,19	181,59	64,53
3.430,00 bis 3.439,99	1.524,15	852,96	577,31	354,19	183,59	65,53
3.440,00 bis 3.449,99	1.531,15	857,96	581,31	357,19	185,59	66,53
3.450,00 bis 3.459,99	1.538,15	862,96	585,31	360,19	187,59	67,53
3.460,00 bis 3.469,99	1.545,15	867,96	589,31	363,19	189,59	68,53
3.470,00 bis 3.479,99	1.552,15	872,96	593,31	366,19	191,59	69,53
3.480,00 bis 3.489,99	1.559,15	877,96	597,31	369,19	193,59	70,53
3.490,00 bis 3.499,99	1.566,15	882,96	601,31	372,19	195,59	71,53

	Pfändbarer Betrag bei Unterhaltspflicht für ... Personen					
Nettolohn monatlich	0	1	2	3	4	5 und mehr
in EUR						
3.500,00 bis 3.509,99	1.573,15	887,96	605,31	375,19	197,59	72,53
3.510,00 bis 3.519,99	1.580,15	892,96	609,31	378,19	199,59	73,53
3.520,00 bis 3.529,99	1.587,15	897,96	613,31	381,19	201,59	74,53
3.530,00 bis 3.539,99	1.594,15	902,96	617,31	384,19	203,59	75,53
3.540,00 bis 3.549,99	1.601,15	907,96	621,31	387,19	205,59	76,53
3.550,00 bis 3.559,99	1.608,15	912,96	625,31	390,19	207,59	77,53
3.560,00 bis 3.569,99	1.615,15	917,96	629,31	393,19	209,59	78,53
3.570,00 bis 3.579,99	1.622,15	922,96	633,31	396,19	211,59	79,53
3.580,00 bis 3.589,99	1.629,15	927,96	637,31	399,19	213,59	80,53
3.590,00 bis 3.599,99	1.636,15	932,96	641,31	402,19	215,59	81,53
3.600,00 bis 3.609,99	1.643,15	937,96	645,31	405,19	217,59	82,53
3.610,00 bis 3.619,99	1.650,15	942,96	649,31	408,19	219,59	83,53
3.620,00 bis 3.629,99	1.657,15	947,96	653,31	411,19	221,59	84,53
3.630,00 bis 3.639,99	1.664,15	952,96	657,31	414,19	223,59	85,53
3.640,00 bis 3.649,99	1.671,15	957,96	661,31	417,19	225,59	86,53

	Pfändbarer Betrag bei Unterhaltspflicht für ... Personen					
Nettolohn monatlich	**0**	**1**	**2**	**3**	**4**	**5 und mehr**
	in EUR					
3.650,00 bis 3.659,99	1.678,15	962,96	665,31	420,19	227,59	87,53
3.660,00 bis 3.669,99	1.685,15	967,96	669,31	423,19	229,59	88,53
3.670,00 bis 3.679,99	1.692,15	972,96	673,31	426,19	231,59	89,53
3.680,00 bis 3.689,99	1.699,15	977,96	677,31	429,19	233,59	90,53
3.690,00 bis 3.699,99	1.706,15	982,96	681,31	432,19	235,59	91,53
3.700,00 bis 3.709,99	1.713,15	987,96	685,31	435,19	237,59	92,53
3.710,00 bis 3.719,99	1.720,15	992,96	689,31	438,19	239,59	93,53
3.720,00 bis 3.729,99	1.727,15	997,96	693,31	441,19	241,59	94,53
3.730,00 bis 3.739,99	1.734,15	1.002,96	697,31	444,19	243,59	95,53
3.740,00 bis 3.749,99	1.741,15	1.007,96	701,31	447,19	245,59	96,53
3.750,00 bis 3.759,99	1.748,15	1.012,96	705,31	450,19	247,59	97,53
3.760,00 bis 3.769,99	1.755,15	1.017,96	709,31	453,19	249,59	98,53
3.770,00 bis 3.779,99	1.762,15	1.022,96	713,31	456,19	251,59	99,53
3.780,00 bis 3.789,99	1.769,15	1.027,96	717,31	459,19	253,59	100,53
3.790,00 bis 3.799,99	1.776,15	1.032,96	721,31	462,19	255,59	101,53

Nettolohn monatlich	Pfändbarer Betrag bei Unterhaltspflicht für ... Personen					
	0	1	2	3	4	5 und mehr
in EUR						
3.800,00 bis 3.809,99	1.783,15	1.037,96	725,31	465,19	257,59	102,53
3.810,00 bis 3.819,99	1.790,15	1.042,96	729,31	468,19	259,59	103,53
3.820,00 bis 3.829,99	1.797,15	1.047,96	733,31	471,19	261,59	104,53
3.830,00 bis 3.839,99	1.804,15	1.052,96	737,31	474,19	263,59	105,53
3.840,00 bis 3.840,08	1.811,15	1.057,96	741,31	477,19	265,59	106,53
Der Mehrbetrag über 3.840,08 Euro ist voll pfändbar.						

9

Stichwortverzeichnis